Lotte Bormuth
WER LIEBE WAGT

Lotte Bormuth

Wer Liebe wagt

Über die Autorin:
Lotte Bormuth ist eine der erfolgreichsten christlichen Autorinnen Deutschlands. In über 80 Buchtiteln hat sie mit Lebensbildern und eigenen Erlebnissen vielen Menschen Trost, Freude und Glaubensmut vermittelt. Sie hat fünf Kinder und 15 Enkel und lebt mit ihrem Mann in Marburg.

Bibliografische Information Der Deutschen Bibliothek
Die Deutsche Bibliothek verzeichnet diese Publikation in der Deutschen Nationalbibliografie;
detaillierte bibliografische Daten sind im Internet
über http://dnb.ddb.de abrufbar.

ISBN 978-3-86827-337-3
Alle Rechte vorbehalten
© 2012 by Verlag der Francke-Buchhandlung GmbH
35037 Marburg an der Lahn
Umschlagbild: © shutterstock / artjazz
Umschlaggestaltung: Verlag der Francke-Buchhandlung GmbH /
Christian Heinritz
Satz: Verlag der Francke-Buchhandlung GmbH
Druck und Bindung: CPI Moravia Books, Korneuburg

www.francke-buch.de

Inhaltsverzeichnis

Wie gut ist Gott zu mir 7
Das kleine Glück von Ulli 16
Wenn Lebensträume platzen 18
Was das Bitten vermag 27
Yvonne 29
Gott will in mir wohnen 40
Die Berufung des Paulus 45
Trösten, wie eine Mutter tröstet 51
Wer heilt die Wunden? 55
Mathilda Wrede – hingebungsvoll in der Liebe 61
Der Sturm dreht ab 65
Sieben Taufen einer Familie 67
Die Fußfalle 69
Die Wildgänse 76
Seelsorgerliche Briefe an Gefangene 80
Das Adoptivkind 90
Trost in schmerzvoller Lage 96
Himmlischer Personenschutz 100
Ein schwieriger Mensch 102
Die Macht des Gebets 108
Ein später Anruf 110
Ein reiches Leben 112
Das Gespräch mit dem lieben Gott 124
Ein Hammel im Kampf um das Evangelium 127
Der Friede ist entschwunden 131

Mein Paulchen 140
Eine Kindheit voller Schrecken 145
Kinder brauchen eine Heimat 153
Alles, was Odem hat, lobe den Herrn 159
Krankenheilung durch das Gebet 163
Mephiboschet – ein Mensch findet
Lebensqualität 169
Eine unglaubliche Geschichte 178
Eine Einsame in großer Bedrängnis 181
Julia 186
Judas der Verräter 190
Professor Bornhäusers außergewöhnliche
Vorlesung 195
Wie Perlen an einer Schnur 197
Tränen in der Stille 199
Fünfzehn rote Rosen 203

Wie gut ist Gott zu mir

Ich weiß nicht mehr, wie oft ich Predigten über den Verlorenen Sohn gehört habe. Vollmächtig wurden sie von den Kanzeln verkündigt. Als ich einmal eine Freizeit zum Thema „Die Gleichnisreden Jesu" hielt, durfte der Verlorene Sohn natürlich nicht fehlen. Heute Morgen beim Bibellesen hat mich ein Gedanke zu diesem Gleichnis zutiefst berührt. Der Sohn, der jahrelang in der Fremde mit dem Erbe seines Vaters untergetaucht war und es in seinem frivolen Leben verprasst hatte, war wieder heimgekehrt. In quälender Reue hatte er erkannt, wie viel Weh und Herzeleid er seinem Vater verursacht und sich dabei selbst ruiniert hatte. Nichts von seinem ganzen Vermögen war ihm geblieben, gar nichts. Zum Schweinehirten hatte er sich erniedrigen müssen, und noch immer knurrte sein Magen, wenn er im Stall die Tiere fütterte. Es war für ihn der beste Augenblick in seinem Leben, als er zu der Einsicht kam: Mein Vater zu Hause hat viele Knechte, ihnen geht es gut. Sie haben Arbeit und Brot, und ich verkomme hier im fremden Land und muss mich an den Futtertrögen der Schweine ernähren. Und sogar das wird mir manchmal verwehrt. Ich will mich aufmachen und zu meinem Vater gehen. Vor ihm will ich mich auf die Knie werfen und zu ihm sagen: „Vater, ich bin vielfach schuldig vor dir geworden. Mein Leben ist verpfuscht. Ich dürfte gar nicht länger dein Sohn sein. Aber nimm mich doch auf deinem herrlichen Landgut wieder auf und halte mich wie einen deiner Knechte."

Mit diesem Vorsatz machte er sich auf den Weg. Und dann erfuhr er das Erstaunlichste. Sein Vater wartete schon auf ihn. Als er um die letzte Wegbiegung kam, sah er schon in der Ferne seinen Vater, wie seine Augen nach ihm Ausschau hielten. Der Alte breitete seine Arme weit aus, und als der Sohn vor ihm stand, drückte er ihn an sein Herz. Sein Glück über den Verlorenen, der heimgekommen war, strahlte ihm aus den Augen und er küsste seinen Sohn. Die schmutzigen und stinkenden Kleider nahm er gar nicht wahr. Er freute sich unbändig. Wie oft muss er in großer Verzweiflung an seinen Jungen gedacht haben. In seinem Herzen hatte er ihm einen festen Platz eingeräumt. Die Frage muss ihn oft umgetrieben haben: Wie geht es meinem Sohn? Werde ich ihn jemals wiedersehen? Wie viele Gebete hat er wohl gen Himmel geschickt und zu Gott gefleht: „Rette mein Kind! Du hast meinen Sohn gewollt und wunderbar geschaffen. Er darf nicht im Elend enden." Und nun hatte der allmächtige Gott das fast Unmögliche wahr gemacht. Zu Gottes Ehre und zum Empfang seines Sohnes ließ er ein herrliches Fest vorbereiten. Die Knechte mussten das beste Kalb holen und schlachten. Es sollte an nichts fehlen. Freunde und Verwandte wurden dazu eingeladen. Die schmutzigen Kleider musste der Sohn ausziehen und ihm wurden Feiertagskleider übergeben. Einen kostbaren goldenen Ring steckte der Vater an seinen Finger. Jubel und Freude brachen aus. Das Fest kannte keine Grenzen.

In dieser Stunde kam der zweite Sohn vom Feld nach Hause und sah diesen herrlichen Trubel. Anstatt sich mitzufreuen, brachen Neid und Ärger in ihm auf. Er konnte es nicht begreifen, wie man einem solchen Lump von Sohn, der sein Hab und Gut verschleudert hatte, ein so fröhliches Fest bereiten konnte. Wütend und ärgerlich, wie er war, mischte er sich nicht unter die Gäste, sondern ging zutiefst enttäuscht zu seinem Vater. Er musste mit ihm reden und machte ihm Vorhaltungen: „Viele Jahre habe ich fleißig für dich gearbeitet. Nie habe ich dir meinen Dienst versagt und war auch nicht ungehorsam. Wie ein Sklave habe ich mich für dich geschunden, und du hast mir nie eine Ziege gestiftet, dass ich mit meinen Freunden eine Party feiern konnte. Maßlos enttäuscht bin ich. Jetzt, da dieser Versager, Nichtsnutz und Loser heimgekommen ist, hast du sogar das fetteste Kalb schlachten lassen. Solch ein Fest ist ja nie zuvor auf unserem Hof gefeiert worden."

Auf den Vater muss diese Anklage wie ein Schlag ins Gesicht gewirkt haben. Er entgegnet seinem zu Hause gebliebenen Sohn: „Mein Junge, du lebst doch allezeit in meiner Nähe, und alles, was ich besitze, gehört doch auch dir. Hast du nie meine Wertschätzung und Liebe verspürt? Ich war doch immer für dich da. Was mein ist, ist doch auch dein. Lass uns jetzt glücklich sein. Dein Bruder ist endlich nach Hause gekomen. Er war verloren und ist nun wieder da. Komm und lass uns fröhlich sein. Wir wollen feiern."

So weit der biblische Bericht.

An diesem Morgen, als ich den Text aus Lukas 15 las, blieb ich an dem Satz des Vaters hängen: „Ich war doch immer für dich da, und alles, was ich besitze, gehört auch dir. Hast du das gar nicht verspürt?" So habe ich mich selbst gefragt: Wie verhalte ich mich? Bin ich mir in meinem Leben immer bewusst, wie viel Liebe Gott mir geschenkt hat und wie viel Gutes ich empfangen habe? So denke ich gerne an die Beziehung zu meinem Mann und wie Gott uns zusammenführte. Wunderbar war unsere erste Begegnung im Universitätsgebäude. Ich ging die Treppe hinauf und ein Student kam mir entgegen. Er sah mein EC-Abzeichen auf dem Mantel, das mich als tätiges Mitglied im Jugendbund für Entschiedenes Christentum auswies. Er sprach mich an, wir wechselten ein paar Worte, und er lud mich zum Bibelkreis mit Theologen ein. Gerne ging ich dorthin.

Einmal trafen wir uns vor der Universität auf einer Bank. Ich war gerade dabei, einen Text aus dem Buch Josua aus dem Hebräischen ins Deutsche zu übersetzen. Aber es gelang mir nicht, die Sätze zu einem Ganzen zu ordnen. Herr Bormuth sah, wie ich eifrig im Wörterbuch blätterte und Mühe mit diesem Abschnitt hatte. So bot er sich an, mir zu helfen, und übersetzte den Abschnitt fließend herunter. Dann bemerkte er noch: „Ich helfe Ihnen gern, wenn Sie wieder Schwierigkeiten mit der hebräischen Sprache haben." So trafen wir uns öfter in den Räumen der Studentenmission, und ich wurde tüchtig in Hebräisch getrimmt. Jeden Tag kam ein anderes Kapitel an die Reihe. Das fleißige Üben führte fünf Wochen später zum Erfolg. Ich schaffte die Prüfung recht gut. Einen Tag vor diesem aufregenden Ereignis fragte mich der Student: „Fräulein Hannemann, ich habe den Eindruck, Gott hat uns zusammengeführt. Wollen Sie meine Frau werden?" Das war am 24. Juli 1955.

Zwei Jahre später haben wir dann geheiratet. In unsere Ringe ließen wir das Wort aus Jesaja 54,10 eingravieren: „Es sollen wohl Berge weichen und Hügel hinfallen, aber meine Gnade soll nicht von dir weichen und der Bund meines Friedens soll nicht aufhören." Das war der Beginn eines reichen Lebens in unserer Beziehung. Nicht immer war es einfach. Verwandte meines Mannes hätten sich eine bessere Partie für Karl Heinz gewünscht – ich war ja nur ein Flüchtling, der aus Bessarabien, einem weithin unbekannten Land kam. So litten wir zu Beginn unserer Ehe unter finanziellen Engpässen. Mein Vermögen bestand aus einem Koffer, aber Gottes Liebe verband uns innig. Heute sind wir 55 Jahre verheiratet. Eine glückliche Ehe ist ein wahres Gottesgeschenk. Wir dürfen sogar Besitzer eines Hauses sein, und unsere Schränke sind mit Kleidung gefüllt. Nach und nach wurden dann unsere fünf Kinder geboren: Anne-Ruth, Gottfried, Matthias, Johannes und Daniel. Inzwischen sind sie alle verheiratet, und 15 Enkel gehören zu unserer großen Familie. Dabei ist das Ende der Fahnenstange noch nicht abzusehen; denn einer unserer Söhne hat erst vor Kurzem den Bund der Ehe geschlossen.

Auf vielfache Weise habe ich erlebt, wie Gott mich geführt und mir wohlgetan hat. Er gab mir auch verantwortungsvolle Aufgaben, und ich durfte 25 Jahre ehrenamtliche Mitarbeiterin in der Telefonseelsorge sein. Zu meinem besonderen Dienst gehörte die Betreuung selbstmordgefährdeter Menschen. Auf diesem Gebiet brauchte ich vor allem Gottes Weisheit, Fürsorge und Liebe zu den Menschen. Hin und wieder nahmen wir auch gefährdete Menschen in unserem Haus auf. Das wurde dadurch möglich, dass unsere Kinder erwachsen geworden waren und ihre Zimmer leer standen. Es macht mich sehr dankbar, dass sich bis jetzt keiner unserer Gäste das Leben genommen hat.

Aber es gab auch notvolle Tage in unserer Familie. So haben wir manch schweres Leid erleben müssen. Ein schweres Zugunglück überlebte meine Schwester zwar, aber sie erlitt schlimme Verletzungen. Beide Beine waren ihr abgequetscht worden. Sie musste 36-mal operiert werden. Sie hoffte zwar darauf, wieder gehen zu können, aber dieses Wunder hat sich nicht erfüllt. Es blieb für sie nur der Rollstuhl. Damals war meine Schwester 33 Jahre alt und hatte zwei kleine Kinder.

Über drei Jahre lang lag sie in der Klinik und dann noch zwei Jahre zu Hause, bis die eiternden Wunden ausgeheilt waren. Drei Jahre feierte sie Weihnachten in der Klinik.

In dieser Zeit begann ich, mir das Leid von der Seele zu schreiben, weil ich meinte, mit dieser Not könne ich nicht überleben. Inzwischen habe ich über 80 Bücher geschrieben, aber geplant war das nicht. Nie hätte ich gedacht, dass solch schreckliche Bedrängnis in mir die Gabe der Schriftstellerei hätte wecken können. Über diese Freundlichkeit Gottes kann ich nur staunen. Schon oft habe ich eins meiner Lieblingslieder gesungen und ahne, wie viel Liebes Gott mir schon in meinem Leben getan hat.

Nun danket alle Gott mit Herzen, Mund und Händen,
der große Dinge tut an uns und allen Enden,
der uns von Mutterleib und Kindesbeinen an
unzählig viel zugut bis hierher hat getan.

Der ewigreiche Gott woll uns bei unsern Leben
ein immer fröhlich Herz und edlen Frieden geben
und uns in seiner Gnad erhalten fort und fort
und uns aus aller Not erlösen hier und dort.

Lob, Ehr und Preis sei Gott, dem Vater und dem Sohne
und Gott dem Heilgen Geist im höchsten Himmelsthrone,
ihm, dem dreiein'gen Gott, wie es im Anfang war
und ist und bleiben wird so jetzt und immerdar.

Auch auf unserer Flucht 1945 aus Polen erlebte ich Gottes Freundlichkeit und seine Güte. Einmal wurden wir total ausgeraubt. Über Nacht stand unser offener Kastenwagen unter dem Vordach einer Scheune. Meine Mutter hatte in einer großen, schwarzen Holzkiste Würste, Schinken und geräucherten Speck mitgenommen. Außerdem lag hinten auf den Hafersäcken ein ganz großer Beutel mit Semmeln, die wie Zwieback haltbar gemacht worden waren. An einem Morgen hatte uns ein Dieb alle Lebensmittel gestohlen. Gar nichts mehr war übrig geblieben. Wir hätten mit unserer großen Kinderschar verhungern müssen. Der Dieb hatte sogar die große 20-Liter-Kanne mit Milch, die in der Kälte gefroren war, mitgenommen.

Nun waren wir für die Nacht auf einem Rittergut einquartiert und hatten uns im Kuhstall auf Strohballen eine Schlafstätte eingerichtet. Hier wollten wir bleiben und uns von den Strapazen der Flucht ausruhen, bis es dann am nächsten Morgen weiter westwärts gehen sollte. Draußen war es bitterkalt, minus 20 Grad zeigte das Thermometer an, im Stall aber genossen wir die Wärme. Und nun stand plötzlich der Graf des Ritterguts vor meinem Vater, begrüßte ihn freundlich und lud uns alle in sein Schloss ein. Er führte uns sogar in ein wunderschönes Schlafzimmer, und wir durften in weißen, warmen Betten dem nächsten Tag entgegenträumen. Außerdem lud er meinen Vater in seine Vorratskammern und Keller ein und erlaubte ihm, alles, was wir für unsere weitere Flucht gebrauchen könnten, mitzunehmen. Sein Reichtum stand uns zur Verfügung.

Am nächsten Morgen befanden wir uns allein in dem wunderbaren Schloss. Auch der Graf hatte sich mit seiner Familie auf die Flucht begeben. Nun konnten wir unseren Wagen mit herrlicher Butter, Fleisch, Brot, Zucker, Wurst und noch mit vielen anderen Gaben füllen. Besonders die guten Säfte hatten es uns angetan. Wir waren für unseren weiteren Fluchtweg abgesichert und brauchten nicht zu hungern. So sorgte Gott für uns und bereitete uns ein kaum zu fassendes Glück. In den gräflichen Betten hatten wir traumhaft gut geschlafen, wir konnten uns endlich einmal baden und mit frischer Wäsche einkleiden. In diesen bis oben gefüllten Schränken fanden wir alles, was wir gebrauchen konnten.

Der Graf wusste wohl, dass kurze Zeit später all sein Reichtum den russischen Feinden zum Opfer fallen würde, und so ließ er uns seine Schätze zukommen. Mir ist erst im Nachhinein zu Bewusstsein gekommen, dass dabei Gott die Hand im Spiel hatte.

Das kleine Glück von Ulli

Es war schon fast Mitternacht, als ein nächtlicher Anruf mich aufschreckte. Gerade hatte ich mich zum Schlafen hingelegt. Am Telefon vernahm ich eine etwas abgehackte, stotternde Stimme: „Ist dort die Lotte Bormuth? Kann ich dich sprechen? Ich bin der Ulrich und rufe aus der Nähe von Stuttgart an. Bei einem Diakon lebe ich im betreuten Wohnen. Lotte, ich habe eben dein Buch gelesen mit dem Titel ‚Schicksale, die das Herz bewegen'. Jedes Wort in diesem Buch war mir kostbar, so kostbar wie Gold."

Ich musste im Stillen schmunzeln und dachte: Na, heute Nacht werde ich in den Himmel gelobt, und morgen früh holen mich meine Kinder wieder auf die Erde zurück. Die Rede dieses Menschen konnte und wollte ich nicht unterbrechen. „Lotte, das ist so schön, was du da schreibst. Aber am allermeisten freut es mich, dass du auch ein Kind Gottes bist. Ich habe nämlich Gott sehr lieb. Schon als junger Mensch habe ich den Weg zum Herrn Jesus gefunden. Und nun durfte ich dein wertvolles Buch entdecken. Gerade eben habe ich die letzten Zeilen gelesen. Lotte, mir geht es bei Jesus gut, dir doch sicher auch. Unser Herr sorgt doch bestens für uns. Das macht mich fröhlich. Wie toll, dass ich dich heute Abend noch erreicht habe. Ich werde wohl vor Glück kaum einschlafen können. Wer kann schon mal im Leben mit einer Schriftstellerin reden? Lotte, ich verspreche es dir, ich werde gleich morgen anfangen und meinen Mitbewohnern von dir erzählen. Das müssen sie auch wissen, was du da geschrieben hast. Das Buch wird dann die Runde in unserem Heim machen." Mein Gesprächspartner ließ mich gar nicht zu Wort kommen. So groß war seine Freude.

Ich wurde an ein Wort von Martin Luther erinnert: „Wer einen Menschen glücklich gemacht hat, der hat mehr als ein Königreich gewonnen." In dem Wohnheim bei Stuttgart werde ich wohl einige Menschen glücklich gemacht haben. Als ich endlich so kurz vor Mitternacht meinem Ulrich noch Gottes Segen und eine gute Nacht wünschen konnte, klang die Freude in meinem Herzen noch lange nach. Mit meinem Konfirmationsspruch im Gedächtnis flüchtete ich in meine Träume: „Was ihr getan habt einem unter diesen meinen geringsten Brüdern, das habt ihr mir getan." So sagt es Jesus.

Wenn Lebensträume platzen

Der Bericht eines Flüchtlingskindes.
 Mein Name ist Brigitte Seelbach. In Zittau wurde ich am 6. 11. 1944 als neuntes Kind geboren. Ich habe es immer als ein Vorrecht angesehen, dass meine Eltern Christen waren. So nahmen sie mich, obwohl schon eine große Kinderschar das Haus bevölkerte, dennoch als wunderbares Geschenk von Gott an. Mein Vater bewirtschaftete einen riesigen, landwirtschaftlichen Betrieb in Lavi bei Reppin. Aus diesem Grunde wurde er auch nicht zum Wehrdienst eingezogen. Er hatte für die Versorgung der Bevölkerung mit Lebensmitteln in dieser Region einzustehen und kümmerte sich auch um die Bauernhöfe, die von Frauen allein bewirtschaftet wurden, weil ihre Männer an der Front kämpfen mussten. Aber dann kam mit dem Beginn des neuen Jahres 1945 die russische Armee immer näher. Ein riesiger Flüchtlingsstrom setzte sich in Bewegung, aber nicht alle schafften es, sich noch vor der feindlichen Front in den Westen abzusetzen. So wurden auch wir von den sowjetischen Panzern überrollt. Mein Vater wurde von den Russen gefangen genommen: „Du Nazi!", schrien sie ihn an und nahmen ihm als Erstes seine Uhr ab. Niemals mehr kehrte er zu uns zurück.
 Meine Mutter musste unsere Heimat mit uns neun

Kindern verlassen. Ich war noch ein kleines Baby von drei Monaten. Was das bedeutet, mit einem Säugling zu fliehen, kaum Nahrung und Windeln für das Kind zu haben und dann die schreckliche Kälte zu ertragen, das kann sich kein Mensch vorstellen. Welche Strapazen hatte sie auf dieser Flucht durchzustehen, und das noch bei starkem Frost von minus 20 Grad. Aber meine Mutter war eine starke Frau. Sie ließ sich nicht von Hunger, Kälte und feindlichen Bedrohungen unterkriegen. Bis nach Grimma bei Neubrandenburg schaffte sie es.

Da sie Landwirtschaftslehrerin war, gelang es ihr, trotz ihrer vielen Kinder berufstätig zu sein. Eine Freundin und meine älteste Schwester übernahmen unsere Erziehung und die Haushaltspflichten. Aber schon bald erregte Mutter mit ihrer total anderen Weltanschauung Verdacht bei dem kommunistischen Regime. Sie musste damit rechnen, ins Gefängnis zu kommen. Aus diesem Grund fasste sie den Entschluss, aus der Sowjetzone zu fliehen. Das war keine leichte Entscheidung. Bei einem älteren Mann holte sie sich Rat, wo sie die Grenze zum Westen gefahrlos überschreiten könnte. Er riet ihr, sich bei Vacha über eine Brücke nach Philippstal abzusetzen. Würde diese Aktion bei Nacht und Nebel gelingen? Unter viel Gebet führte sie dann ihren Plan durch. Von Philippstal fuhr sie mit der Bahn bis nach Bebra und von dort suchte sie im Kinderheim von Vera von Trott zu Solz eine Bleibe.

Die Familie von Trott zu Solz hatte selbst im Zweiten Weltkrieg viel Leid durchstehen müssen. Veras Bruder gehörte zu den Verschwörern des 20. Juli 1944. Er wurde vom Gerichtspräsidenten Freisler zum Tode verurteilt und dann im August 1944 in Plötzensee gehenkt. Seine Frau blieb mit den Kindern allein zurück. Adam von Trott zu Solz war zum „Außenminister" der Verschwörer bestimmt worden. Während 20 Auslandsreisen koordinierte er die Zusammenarbeit mit den Alliierten. Obwohl er ahnte, welches Schicksal ihm nach dem gescheiterten Attentat auf Hitler im Führerhauptquartier in der Wolfsschanze drohte, kehrte er von Schweden nach Berlin zurück. Er hätte sein Leben retten können, denn in Schweden hätte er untertauchen können. Aber da das Naziregime die Angehörigen der Verschwörer in Sippenhaft genommen hätte, fürchtete er um das Leben seiner geliebten Frau und seiner beiden Kinder und wählte lieber seinen eigenen Tod.

Da die Mitglieder dieser adligen Familie bewusste Christen waren, handelten sie auch nach dem Wort Jesu und nahmen sich besonders der Flüchtlinge an. Dreieinhalb Jahre wohnten wir im Herrenhaus, bis wir dann selbst im Ort eine Wohnung fanden. Nun war das Kinderhaus meine Heimat geworden. In dieser Zeit kurz nach dem Zweiten Weltkrieg entstand dort in Imshausen bei Solz eine christliche Kommunität, die vielen Menschen ein geistliches Zuhause bot. Lieder, Psalmen, Texte aus der Bibel und Gebete bildeten den Inhalt für die Zusammenkünfte. Von ihnen ging eine geheiligte Atmosphäre aus. Hier konnten die Anwesenden ihre Not, ihre Ängste, aber auch ihre Freude in Worte fassen und gingen dann getröstet in ihre erbärmliche Situation zurück.

In großer Stille und auf Knien wurde Gott gelobt. Wir flehten unseren Herrn auch um Hilfe an, denn oft wussten wir nicht, wie es mit uns weitergehen sollte. So kam der Allmächtige uns ganz nah. Die Initiatorin und Leiterin der Kommunität blieb über viele Jahre Vera von Trott zu Solz. Auch wir Kinder durften an den Gottesdiensten teilnehmen. Mir wuchsen die Feiern und Gebetsstunden ans Herz.

In der Nachkriegszeit waren wir sehr arm und litten auch unter Hunger. Wenn im Frühling die Arbeit auf den Feldern begann, war es üblich, dass wir den Bauern nach der Schule halfen. Meist wurden wir mit einem guten Essen und Kaffee und Kuchen belohnt. Im Winter aber gab es für uns keine Beschäftigung, und dann knurrten uns die Mägen. In diesem Ort war Pfarrer Dembowski unser Seelsorger. Zu ihm ging ich auch in die Konfirmandenstunde. Gerne besuchte ich seinen Unterricht. Er machte mir viel Freude.

Aber dann musste ich noch vor der Konfirmation den Wohnort wechseln und kam zur Familie Battenberg nach Altenhasungen; denn meine Mutter hatte eine Stelle in der Nähe von Lippstadt angenommen. Sie konnte mich dorthin nicht mitnehmen. So musste ich alles, was mir lieb geworden war, in Imshausen zurücklassen. Auch mit der neuen Schule hatte ich Schwierigkeiten.

In den Sommerferien durfte ich aber meine Mutter besuchen. Das wurde mir erlaubt. An einem Abend nahm sie mich in ihr Bett und teilte mir die traurige Nachricht mit, dass Frau Battenberg verstorben sei und ich nun nicht mehr dorthin zurückfahren könnte. Meine wenigen Sachen würden mir noch zugeschickt. Am liebsten wäre ich wieder nach Imshausen gefahren, aber dies war nicht möglich. Ich hatte solche Sehnsucht nach Frau von Trott. So blieb ich dann im Altenheim bei meiner Mutter. Ein anderer Platz fand sich nicht für mich. Wieder musste ich die Schule wechseln und es ergaben sich neue Schwierigkeiten. Aber mein neuer Lehrer war sehr verständnisvoll und half mir, ja, ich wurde sogar im Laufe der Zeit eine gute Schülerin. Meine Mutter leitete mich an, dass ich im Pflegeheim alte Menschen betreuen lernte. Leicht war diese Aufgabe nicht, aber umsonst hätte ich hier nicht bleiben können.

1959 konnte ich dann endlich konfirmiert werden und verließ auch die Schule. Bei einer Familie mit acht Personen sollte ich nun den Haushalt führen. Ich fühlte mich total überfordert, zumal die Hausfrau bis fast zum Mittagessen im Bett lag und schlief. Ich war ja erst 14 Jahre alt. Es war eine schreckliche Zeit. Bis in die späte Nacht rutschte ich auf dem Boden herum und musste das Parkett bohnern.

Einmal besuchte mich mein ältester Bruder. Er sah,

wie sehr ich ausgenutzt wurde, sprach dann mit meiner Mutter und sorgte dafür, dass ich in Bad Harzburg in einer Pension eine Stelle fand. Wenn ich mein Tagewerk vollendet hatte, durfte ich abends ab und zu in ein Tanzcafé gehen. Dort lernte ich einen jungen Mann kennen. Siegfried war sein Name. Wir trafen uns öfter. Nachdem ich meine Lehre als Hotelfachfrau abgeschlossen hatte, wurden wir ein Paar. Leider musste ich mich von ihm trennen, da meine Mutter krank geworden war und sie mich zu Hause brauchte. Drei Monate versorgte ich sie.

Als es ihr wieder besser ging, riet mir meine Schwester, den Beruf der Krankenschwester zu erlernen. Im Sauerbruch-Krankenhaus in Wuppertal ergab sich für mich diese Möglichkeit. In dieser Zeit kam ich in Kontakt zu einem neuen Freund. Er hieß Alfred. Er eroberte mein Herz im Sturm, und schon bald verlobten wir uns. Aber diese Liebesbeziehung löste sich bald wieder auf. Als ich schwanger wurde, ließ er mich im Stich. Für mich stürzte eine Welt zusammen; denn ich war total in ihn verliebt. Was hatte ich nur falsch gemacht?

Mir wurde auch bewusst, dass ich als Schwangere keine Zukunft im Krankenhaus haben würde. So sprach ich mit der Oberin, musste auch sogleich meine Sachen packen und Wuppertal verlassen. Ich fuhr mit dem Zug zu meiner Mutter nach Solz und befand mich in einer verzwickten Situation, da ich noch nicht einmal die neue Adresse von Alfred kannte. Meine Schwester nahm sich meiner an und es gelang ihr, Alfred ausfindig zu machen. Ich erzählte ihm, dass ich ein Kind von ihm erwarte. Diese Nachricht schockierte ihn überhaupt nicht. Er freute sich sogar darüber, dass er bald Vater eines Babys würde. Ich söhnte mich mit ihm aus und war froh, dass er zu mir stand. In einem Altenheim fand ich vorübergehend eine Arbeit. Die Hochzeit war eigentlich für den 4. Dezember 1964 geplant, aber daraus wurde nichts. Leider musste ich die bittere Erfahrung machen, dass Alfred mich mit einer anderen Frau betrog. Hinzu kam, dass ich mir etwas Geld gespart und den Fehler begangen hatte, auch meinem Verlobten die Kontovollmacht zu übertragen. Als ich eines Tages auf die Bank ging, merkte ich, dass er mein Sparbuch leer geräumt hatte. Ich war entsetzt und löste die Verbindung zu Alfred. Nun wusste ich weder aus noch ein. Ein Pater half mir, steckte mir etwas Geld für die Fahrkarte zu, und so fuhr ich zu meiner Mutter nach Solz. Von Alfred hörte ich nie wieder etwas. In dieser bedrängenden Zeit erinnerte ich mich an meinen ersten Tanzpartner. So schrieb ich ihm einen langen Brief. Obwohl ich keine Antwort erwartete, lag schon ein paar Tage später ein Brief in meinem Postkasten. Er war bereit, die Verbindung zu mir wieder aufzunehmen. Am 2. März 1966 wurde dann meine Tochter geboren. Ich gab ihr den Namen Angela. Mit meinem Baby fand ich in Marburg in einem Mutter-Kind-Heim Aufnahme.

Stundenweise konnte ich hier arbeiten. Die übrige Zeit widmete ich meinem Baby.

Die Verbindung zu Siegfried blieb erhalten. Im August holte er mich in Marburg ab und wir fuhren in seinem Auto nach Solz. Nach nur wenigen Kilometern bog er auf einen Parkplatz ein, holte aus seiner Tasche Ringe und steckte mir einen an die Hand. So kamen wir als Verlobte in Solz an. Am 16. April 1966 konnten wir heiraten und ich verließ das Mutter-Kind-Heim. Kurze Zeit später wurde uns noch eine Tochter geschenkt. Da Siegfried eine verantwortliche Stelle als Kälteanlagenbauer fand, ging es uns finanziell auch gut. Ich war nun Hausfrau und hatte mit meinen beiden Kleinen genug zu tun.

Aber unser Familiendasein wurde zeitweise durch schwere Erkrankungen getrübt. Ich stürzte in eine Depression und 1993 erlitt ich noch einen Schlaganfall. Aber mein Mann stand immer zu mir und hat mir in notvollen Zeiten wunderbar geholfen. Es war ein Glück, dass keine Lähmungen zurückblieben. Durch so manch bedrückende Erfahrungen erlebte ich die Hilfe von lieben Menschen. Zu unserem Gemeindepfarrer Flade konnte ich immer kommen, wenn mir das Herz schwer war. Dann führte ich ein seelsorgerliches Gespräch mit ihm und fand dadurch auch den Weg zu Christus, meinem Heiland.

Gewiss, nicht alle Lebensträume gingen bei mir in Erfüllung, aber Gott hat mich in bedrängenden Stunden nie verlassen. Seine Nähe hat mich unendlich glücklich gemacht. Jesus Christus, der Gottessohn, wurde mein Erretter und hat mich aus manch dunklen Tagen wieder ans Licht geführt. Ihm bin ich von Herzen dankbar dafür.

Was das Bitten vermag

Beglückt war ich nicht über den Anruf der Heimleiterin. Sie hatte mich zu einer Freizeit in den Harz eingeladen, und der Termin war für September geplant. Und nun teilte sie mir mit besorgter Stimme mit, dass bisher leider nur zehn Anmeldungen eingegangen seien. Sie selbst sei auch traurig darüber, hatte sie doch gehofft, dass recht viele Gäste kommen würden, da ich ja durch meine Bücher recht bekannt sei. Aber sie wäre froh, wenn ich mich von der geringen Zahl nicht abhalten ließe und doch kommen würde. Mir war klar: Absagen würde ich nicht, auch wenn wir nur ein kleiner Kreis würden. Das Wort Gottes ist es wert, auch vor nur wenigen Menschen verkündigt zu werden. Aber noch waren ja zehn Tage Zeit. Bis dahin könnten sich noch eine Reihe von Gästen anmelden und wunderschöne Tage verleben. Elbingerode ist immer eine Reise wert. Also sagte ich ihr fest zu.

Ein Gedanke ließ mich seit diesem Anruf nicht mehr los. Gerade heute Morgen hatte ich in meiner Stillen Zeit die Worte aus Matthäus 7 gelesen: „Bittet, so wird euch gegeben; suchet, so werdet ihr finden; klopfet an, so wird euch aufgetan." Ich bekam Mut, diese Zusage Jesu auszuprobieren, und verlegte mich aufs Beten. Ganz gleich, wo ich auch war, am Küchenherd, im Bad oder im Garten, immer wieder hielt ich meinem Herrn den Wunsch vor: „Lieber Herr Jesus, beweg du die Gäste, dass sie die Freizeit bevölkern. Du weißt, es ist immer ein Schaden für das Haus, wenn die Betten leer stehen. Ich bin gespannt, wie du handeln wirst, und vertraue auf dein Eingreifen."

Dann kam der Tag der Anreise. Freudig begrüßte mich Schwester Marlies: „Frau Bormuth, ein Wunder ist geschehen. Alle Zimmer sind belegt. Ich bin so glücklich darüber."

„Preist den Herrn!", kam es über meine Lippen. Jesus steht zu seiner Verheißung, das wurde meine wunderbare Erfahrung an diesem Tag. Dann reisten die Teilnehmer an. Als ich am Abend meinen ersten Vortrag hielt, konnte ich fast 50 Gäste begrüßen. Wie leicht wurde mir das Sprechen, und ich verkündigte mit großer Freude die Botschaft meines Herrn: „Eine neue Zeit bricht mit dem Kommen Jesu in diese Welt an." Beten ist doch das Beste für meinen Dienst.

Yvonne

Ich sitze am späten Nachmittag auf unserer Terrasse. Es ist ein wunderschöner, sonniger Tag. Frau Holthusen (der Name ist geändert) ist zu Besuch da. Mit einem Telefonanruf hat sie ihr Kommen angekündigt. Wir unterhalten uns.

„Ich würde mir gerne einiges von der Seele reden, Frau Bormuth. Können Sie gut zuhören? Es wird mir nicht leichtfallen, über Yvonne zu berichten. Sie war mein einziges Kind. Von ihrem Vater hatte ich mich schon zwei Jahre nach ihrer Geburt getrennt. Sie kannte ihren Papa gar nicht. Nun musste ich ganz allein die Verantwortung für meinen kleinen Schatz tragen. Das war keine leichte Aufgabe. Ich war ja selbst erst 23 Jahre alt. Früher wurde eine Scheidung noch als Makel angesehen. Heute hat man sich daran gewöhnt, wenn ein Paar bald wieder getrennte Wege geht. Mein Ex-Mann zog nach Hamburg und übernahm das Kaffeegeschäft seines Vaters. Ich blieb in Bad Homburg zurück und wohnte in einer kleinen Dreizimmerwohnung. Als Yvonne vier Jahre alt war, versuchte ich mehr schlecht als recht, meine Brötchen selbst zu verdienen, und arbeitete halbtags in einer Massagepraxis. Yvonne hatte ich in einem Kindergarten untergebracht. Sie war mein Ein und Alles und war ja auch ein so schönes Kind mit Augen wie Perlen und blondem, lockigem Haar. Am liebsten spielte sie mit ihren Plüschtieren, und jedes Jahr kam ein Häschen, ein Elefant, ein Rhinozeros oder ein Äffchen hinzu. Am Zuwachs des kleinen Zoos wirkte vor allem Oma Margot mit. Von ihr stammten die meisten Geschenke. Ich kann nicht sagen, dass ich mit meinem Töchterchen große Schwierigkeiten hatte. Es war so das Übliche: die Trotzphase, der dann eine gewisse Ängstlichkeit und Schüchternheit folgte. Die Schule bereitete ihr Vergnügen. Noch ehe sie die erste Klasse durchlaufen hatte, konnte sie lesen. Sie liebte die Märchen und Abenteuergeschichten. Die Bücher von Heidi las sie besonders gern. Von diesem Zeitpunkt an traten die Kuscheltiere in den Hintergrund. Sie fanden ihren Platz oben auf dem Schrank. Bücher jeder Art standen nun im Mittelpunkt. Was mir etwas Sorgen bereitete, war ihre Zurückgezogenheit. Sie wollte lesen, lesen und noch einmal lesen. Dazu brauchte sie keine Freunde. Ihre Schüchternheit wuchs, und sie wurde mehr und mehr ein verschlossenes Kind. Ob sie da wohl das Erbe ihrer Großmutter angetreten hatte, die auch am liebsten allein ihren Weg ging? Solange die Schulnoten in Ordnung waren, machte ich mir keine Sorgen. Im Gegenteil, ihre zurückhaltende Art machte sie bei ihren Lehrern beliebt.

Aber dann mit der Pubertät trat eine merkliche Veränderung bei Yvonne ein. Sie gewann mehr und mehr den Eindruck, im Leben zu kurz zu kommen. Ihren Vater vermisste sie sehr. Nun wollte sie wie ihre

Klassenkameradinnen auch in die Disco gehen. Ich gewann den Eindruck, dass sie den falschen Umgang suchte. Sie erzählte mir fast gar nichts mehr über ihr Erleben, kam nachts spät nach Hause, und mich überfiel die Angst, Yvonne könnte in die Welt der Drogen abdriften. Plötzlich kam in ihr ein Hunger nach Lust und Leben auf. Yvonne war nun nicht mehr das schüchterne, kleine Mädchen, das nur noch Freude am Lernen hatte.

Nach dem Abitur wollte meine Tochter Psychologie studieren und wählte die Universität in Frankfurt. Ich freute mich über die Wahl des Studienortes; denn ich ging davon aus, dass sie dann noch zu Hause bei mir wohnen bliebe. Aber da hatte ich mich geirrt. Sie erklärte mir klipp und klar, dass es jetzt Zeit war, sich von der Mutter abzulösen und ein eigenes Leben aufzubauen. Sie wollte in eine Wohngemeinschaft ziehen. Schweren Herzens ließ ich meine Tochter gehen. Bei ihrem Umzug nach Frankfurt gewann ich den Eindruck, als verlöre ich mein Kind.

Im ersten Semester verbrachte sie mindestens ein Wochenende im Monat zu Hause. Aber schon im zweiten und dritten Semester sah ich sie nur noch selten. Mir fiel auf, dass sie sich auch in ihrem Äußeren veränderte. Sie trug meist auffällig kurze Röcke, liebte Lederbekleidung und wählte weit ausgeschnittene Seidenblusen mit Rüschen. Unter ihrem langen dauergewellten Haar schaute ein blasses, erschrecktes Gesicht hervor. Oft wich sie mir auch mit ihren Blicken aus.

‚Yvonne, was ist eigentlich mit dir los?', fragte ich sie bei einem Sonntagsbesuch in meiner Wohnung. Sie aber schwieg und sah mich an, als ob sie träumte. Noch ahnte ich nicht, dass meine Tochter in ein gefährliches Milieu abgedriftet war. Es war die Macht des Geldes, die sie in die Fänge der Edelprostitution getrieben hatte. Schön war sie mit ihrer schlanken Figur und in ihrem langen Haar. Ihre Augen glänzten noch immer wie Perlen so wie in ihrer Kindheit. Sie hatte keine Mühe, in einen Servicering einzusteigen. Es hörte sich alles so schmeichelhaft und leicht an, ab und zu in der Woche Touristen in Frankfurt zu begleiten und die Herren in dazu eigens für sie eingerichtete Appartements zu führen und seine Dienste anzubieten. Viel, sehr viel würde sie dabei verdienen. Davon könnte sie eine wunderschöne Urlaubsreise um die halbe Welt buchen. Aber so schnell ließ sich das Geld nicht anhäufen. Den größten Anteil steckten die Zuhälter ein, und den jungen Mädchen blieben nur ein paar lächerliche Euros.

Ich war entsetzt, als mir ein Bekannter von Yvonne erzählte. Mein Kind eine Nutte? Unglaublich! Das durfte nicht wahr sein, und war es doch. Nun wurde mir klar, warum Yvonne so selten nach Hause kam und so aufgetakelt durch die Gegend lief. An diesem Abend weinte ich viele Tränen. Wo hatte ich versagt? Was hatte ich in meiner Erziehung falsch gemacht? Mir wurde eindrücklich: Ganz gleich, wie tief meine Tochter gefallen war, ich wollte zu ihr stehen und ihr die Tür nach Hause immer offen halten. Yvonne blieb mir doch das Liebste. Aber ich will nicht verhehlen, dass ich mir oft angewidert und elend vorkam. Mein Herz war mir gebrochen, und von meinem Stolz, ein so hübsches, junges Mädchen zu haben, blieb nichts, aber auch gar nichts übrig. Ich musste zusehen, wie sie in ihr Verderben rannte. Es war doch offensichtlich, dass sie bei einer solchen Lebensweise mit ihrem Studium nicht vorankam. Wenn andere junge Menschen in die Vorlesungen eilten, war sie müde und musste sich von den anstrengenden Nächten erholen. Ich kam mir so hilflos vor. Mir waren die Hände gebunden. Jedes Gespräch, das ich mit Yvonne anfing, endete sehr schnell in einer Sackgasse. Das war bitter. Sicher, das klingt hart, aber es war wahr. Ich hatte auf der ganzen Linie verloren. Aber es sollte noch schlimmer kommen.

Eines Nachts gegen drei Uhr klopfte es an meine Tür. Der Ortspfarrer suchte mich auf. ‚Darf ich hereinkommen, Frau Holthusen?' Ich ahnte schon nichts Gutes, zog mir meinen Morgenmantel über und führte Pfarrer Schmidt ins Wohnzimmer. ‚Frau Holthusen, Sie müssen jetzt stark sein. Eben war die Polizei bei mir und hat mich gebeten, Ihnen die Nachricht zu überbringen, dass Ihre Tochter tödlich verunglückt ist.' Ich sank in den Sessel und war starr vor Entsetzen. ‚Das ist nicht wahr', stammelte ich, ‚sagen Sie, dass dies nicht wahr ist.'

‚Leider ist es die Wahrheit, Frau Holthusen. Yvonne

ist auf der Bundesstraße von einem Eisregen überrascht worden. Ihr Wagen schleuderte erst gegen die Leitplanke und blieb dann an einem Baum hängen. Ihre Tochter verstarb noch an der Unfallstelle.'

In dieser Lage wollte ich nur noch sterben. Ich war verzweifelt. Der Pfarrer blieb zwei Stunden still bei mir sitzen. In abgehackten Sätzen erzählte ich ihm von Yvonne. Ich wollte ihm die Wahrheit sagen, denn ich hatte den Eindruck, dass er mich in meinem Leid verstand. Bevor er ging, rief er noch eine nahe Verwandte von mir an. Sie kam auch gleich. Freundlich fragte er mich noch, ob es mir recht wäre, wenn er noch ein Gebet spräche. Ich nickte. Meine Not und Traurigkeit breitete er vor Gott aus. ‚Frau Holthusen, wir wollen Ihre Tochter würdig beerdigen. Morgen Nachmittag besuche ich Sie wieder und dann können wir alles Nähere besprechen.'

Es wurde eine schöne Trauerfeier. Ich weiß gar nicht, wie oft ich mir die Worte aus Psalm 90 laut vorgesprochen habe. Sie sind so voller Trost und Zuversicht. Diesen Psalm lernte ich später auch auswendig:

‚Herr, du bist unsere Zuflucht für und für. Ehe denn die Berge wurden und die Erde und die Welt geschaffen wurden, bist du, Gott, von Ewigkeit zu Ewigkeit. Der du die Menschen lassest sterben und sprichst: Kommt wieder, Menschenkinder! Denn tausend Jahre sind vor dir wie der Tag, der gestern vergangen ist, und wie eine Nachtwache. Du lassest sie dahinfahren wie einen Strom, sie sind wie ein Schlaf, wie ein Gras, das am Morgen noch sprosst, das am Morgen blüht und sprosst und des Abends welkt und verdorrt.'

Ja, unser Leben rauscht an unseren Augen vorüber. Es ist wirklich wie Gras, das wächst, blüht und dann plötzlich verdorrt. Jedenfalls war dies bei Yvonne der Fall. Sie war eine so kluge, schöne junge Frau, und nun war sie tot. In dieser ausweglosen Lage blieb mir als Mutter nur die Zuflucht zu Gott. Es folgte eine große Beerdigungsfeier an ihrem Grab. Unsere Verwandtschaft ist kaum zu zählen. Zum ersten Mal nach vielen Jahren sah ich auch meinen Mann wieder. Er nahm mich sogar in seine Arme und versuchte mich zu trösten. Aus jedem Haus unseres Ortes war wenigstens ein Mitglied gekommen. Die Studenten aus der Wohngemeinschaft und eine Gruppe aus ihrem Fachbereich begleiteten Yvonne auf ihrem letzten Weg. Wunderbare Kränze und Bouquets wurden niedergelegt.

Und dann war da noch eine andere Gruppe junger Leute aus dem Servicering. Neben ihnen standen ihre Herren. Sie waren mit ihren teuren Nobelkarossen angereist. Bei dem Gedanken, dass meine Yvonne zu diesem Milieu der Prostituierten und Zuhälter gehört hatte, wollte mir das Herz brechen. Ich zitterte am ganzen Leib, und meine Knie drohten mir die Kraft zu versagen. Aber ich hielt durch. Das Wort ‚Herr, du bist meine Zuflucht für und für' tröstete mich im Stillen. Ich war froh, als die Beerdigung überstanden war. Nach und nach verließen die Trauergäste den

Friedhof. Nur eine junge Frau stand noch lange am offenen Grab. Sie hielt eine rote Rose in der Hand. Die Tränen rannen ihr über die Wangen, dann legte sie die Blume nieder. Es war der letzte Gruß, mit dem sich Ilona von ihrer Freundin verabschiedete. Sie war Yvonnes Kollegin.

Seitdem kann ich den Gedanken an diese junge Frau aus dem fragwürdigen Gewerbe nicht mehr loswerden. Yvonne hatte auch dazugehört. Welch ein Schicksal verbirgt sich hinter den blassen, oft so traurigen Gesichtern dieser jungen Mädchen, die in ihren kurzen Röckchen und weißen Stiefeln auf dem Friedhof standen."

Mir ging dieser Bericht von Frau Holthusen sehr nahe, und ich verhehle nicht, dass mir einige Tränen über die Wangen flossen. Wochen später las ich das Buch von Dostojewski „Schuld und Sühne". In diesem Werk spielt eine Prostituierte mit Namen Sonja eine der Hauptrollen. Der große russische Dichter greift die Frage auf: Was bewegt eine Frau, sich der Prostitution hinzugeben? Aus reiner Freude verkauft doch keine ihren Leib. Ich lasse eine Schilderung über Sonjas Leben folgen:

Sonja hat versucht sich zunächst mit ehrlicher Arbeit Geld zu verdienen. Aber ihr Verdienst war eher gering, noch nicht einmal 15 Kopeken wurden ihr am Tag in die Hand gedrückt. Keinen Augenblick konnte sie sich während ihrer Arbeit ausruhen. Und sonst ehrbare Leute, die hoch angesehene

Ämter begleiteten, wie z. B. der Staatsrat, vergaßen ein halbes Dutzend Hemden zu bezahlen, die Sonja genäht hatte. Ja, er hat das junge Mädchen noch beschimpft, sie mit hässlichen Worten beleidigt und ihr die Hemdenkragen vor die Füße geworfen. Die Kragen säßen schief und hätten auch nicht das rechte Maß, murrte er. Und daheim hungerten die kleineren Geschwister, klagten, sie wollten „Brot, Brot!", sodass die Mutter ganz verzweifelt war. Schon länger litt sie an der Schwindsucht, und auf ihren blassen Wangen hatten sich rote Flecken gebildet. Sie würde wohl nicht mehr lange zu leben haben. In ihrem Elend schrie sie Sonja, ihre Stieftochter, an: „Du bist eine Schmarotzerin, lebst hier bei uns, isst und trinkst hier, sitzt am warmen Ofen, und die Kleinen haben nichts zu beißen und zu knabbern!" Der Vater lag wie fast immer betrunken auf der Ofenbank und hörte, wie Sonja ihn fragte: „Soll ich wirklich ein solches Leben auf dem Straßenstrich und im Bordell anfangen?" „Warum nicht?", rief die Stiefmutter dazwischen.

„Die Hauptsache ist, es kommt Geld für das tägliche Brot auf den Tisch. Wozu willst du dich bewahren, als ob das Jungfrausein eine solche Kostbarkeit und Ehre wäre?" Aber kann man einer Mutter die Schuld in die Schuhe schieben, dass sie auf solche Gedanken kam? Aus purer Not, Erregung und Verzweiflung heraus waren ihr diese Worte über die Lippen gekommen. Sie hatte das Weinen und Wimmern ihrer kleinen Kinder nicht länger mehr hören können und suchte nach einem Ausweg. Aber ist Prostitution ein Ausweg?

Und dann schlang Sonja ihr Tuch über die Schulter und verließ gegen sechs Uhr abends die Wohnung. Um neun Uhr kam sie zurück, legte ohne auch nur ein Sterbenswörtchen über die Lippen zu bringen dreißig Silberrubel auf den Tisch, holte sich ihre Wolldecke und zog sie sich über den Kopf, sodass ihr Gesicht ganz verdeckt war. Dann warf sie sich auf ihre Liegestatt, das Gesicht hatte sie gegen die Wand gekehrt. Sie zitterte am ganzen Körper, schlafen konnte sie nicht. Die Stiefmutter ging, ohne ein Wort zu reden, zum Bett Sonjas, warf sich vor ihr auf die Knie und küsste ihre Füße. Lange kauerte sie so am Boden. Schließlich legte sie sich zu Sonja aufs Bett und hielt ihre Arme um das zitternde Mädchen, bis sie beide einschliefen.

In der Ecke aber lag der Vater noch immer stockbetrunken auf der Ofenbank. Von diesem Zeitpunkt an musste sich Sonja den gelben Ausweis ausstellen lassen, den jede Prostituierte laut Gesetz immer bei sich tragen musste. In der Wohnung durfte sie nun nicht länger bleiben. Das duldete die Hauswirtin nicht. Jetzt wohnte Sonja bei einer sehr armen Familie, die nur ein Zimmer besaß, notdürftig hinter einem Bretterverschlag. Sonja konnte nur noch abends bei Dunkelheit zu ihrer Familie kommen. Stillschweigend legte sie dann das „dreckige" Geld auf den Tisch.

Welcher Schriftsteller könnte ergreifender die traurige Situation unverschuldeter Armut und die verwerfliche Ausbeutung durch die Prostitution anprangern?

Gott will in mir wohnen

Ich bin auf dem Weg zum Gottesdienst und freue mich auf die Predigt. Den Verkündiger kenne ich gut und habe von ihm schon manch wertvolle Auslegung der Heiligen Schrift gehört. Wie ermutigend und hilfreich kann er Gottes Wort verkündigen. Neben mir geht Frau Hermann. Ich kenne sie schon seit Monaten, und die Gespräche mit ihr sind sehr bereichernd. Sie hat erst vor Kurzem Jesus Christus als ihren Erlöser und Retter kennengelernt und ihr Herz brennt vor Liebe zu ihrem Herrn. Sie möchte Jesus immer besser kennenlernen und besucht gerne unsere Gemeinde. Aber ihre ersten Schritte in der Nachfolge Christi bereiten ihr auch einige Schwierigkeiten. Natürlich weiß sie, dass ihr das neue Leben mit ihrem Herrn ein frohes Herz bringt, aber heute ist sie recht still und einsilbig. Fast bedrückt wirkt sie. Stotternd bringt sie die Worte über die Lippen: „Frau Bormuth, wie ist das mit meinem Leben als Christ? Ich empfinde zutiefst manche Entgleisungen und Schuld auf meinem Gewissen. Kann Jesus mich überhaupt noch liebhaben, wenn ich ihm so viele Probleme bereite?"

Es bleibt mir wenig Zeit, auf ihre Frage einzugehen. Wir haben jetzt den gottesdienstlichen Raum erreicht, und die Orgel setzt gerade mit ihrem Vorspiel ein. So kann ich Frau Hermann nur noch leise zuflüstern: „Können wir uns nach dem Gottesdienst noch zusammensetzen und darüber nachdenken, wie Jesus ihr Leben sieht? Wir können dann auch miteinander beten." Sie nickt.

Die Predigt über den Barmherzigen Samariter ist lebendig und ansprechend und schildert auch meine Situation. Ob es wohl Frau Hermann auch so ergeht? Viele Aussagen aus diesem Text berühren mein Innerstes und ich entdecke, wie nötig ich den Anstoß zur Liebe in meinem Dasein brauche. Klar und deutlich heißt es in der Schriftlesung: „Liebe deinen Nächsten wie dich selbst." Es ist ein Wort, das meine Schwachstellen anspricht. Schonungslos legt Gott seinen Finger auf mein Scheitern und Versagen. Es macht mich betroffen, wenn ich sehe, wie sehr ich mich noch um mich selbst drehe, anstatt für meinen Nächsten da zu sein.

Nach Ende des Gottesdienstes frage ich Frau Hermann, ob wir nicht den Prediger in unser Gespräch einbeziehen sollten; denn er hat auch bei mir eine Reihe von Fragen angerissen. Frau Hermann willigt ein. Nun sitzen wir zu dritt zusammen. Stotternd und abgehackt beginnt meine Gesprächspartnerin. Sie fängt einen Satz an und bleibt mittendrin stecken. Es fällt ihr schwer, sich vor einem Menschen zu öffnen. Aber mir selbst ist diese Not auch nicht verborgen. Es ist nicht leicht, die Dunkelkammern des Lebens offenzulegen und Licht hineinzulassen. Ihre größte Angst besteht wohl darin, dass sie diese neue Beziehung zu Jesus nicht durchhalten könnte. Der Teufel ficht sie stark an. Aber ist dies nicht ein Beweis für die Echtheit ihres Glaubens? Träge, oberflächliche, unentschiedene Menschen lässt der Teufel in Ruhe. Die hat er sowieso fest in seiner Hand, aber die Leute, die mit ganzem Ernst Christus nachfolgen wollen, greift er oft sehr heftig an und will sie wieder aus der Verbindung mit Jesus herausreißen. Mir geht es oft auch so. Ich empfinde zutiefst mein Scheitern und meinen Mangel vor Gott, aber ich will unbedingt in seiner Nähe bleiben.

„Ja", fährt Frau Hermann im Gespräch fort, „manchmal habe ich auch Angst vor mir selber, und meine Schuld vor Gott ist unermesslich groß."

„Mir geht es genauso", muss ich bekennen. „Vor allen Dingen quält mich der Gedanke, was ich eigentlich für ihn tun müsste und es dann doch unterlasse. Und dann stellt sich mir die Frage, ob ich die Nachfolge Jesu durchhalten und ein Leben lang bei ihm bleiben kann. Ich kann nur hoffen, dass seine Treue nicht zerbricht. Er trägt mich durch die Tiefen der Anfechtung."

Diesen Gedanken versucht der Prediger auch Frau Hermann deutlich zu machen. Er nimmt sich viel Zeit, lässt diese Frau ihre Not vor Gott aussprechen und unterbricht sie nicht. Während ich still dasitze, merke ich, dass auch ich das Bekenntnis meiner Schuld brauche. Mir steht ein konkretes Ereignis vor Augen.

Da war der Geburtstag meiner Schwiegermutter. Mit einem herrlichen Blumenstrauß und einem wunderschönen in Buntpapier eingewickelten Nachthemd stand ich vor ihr und gratulierte. Sie aber machte ein bitterböses Gesicht und sagte: „Warum kommt Karl Heinz nicht?" Ihre Erregung ließ sich nicht besänftigen, obwohl ich ihr erklärte, dass ihr Sohn dienstlich zu einem Vortrag in Bayern unterwegs ist. Ich war enttäuscht darüber, dass sie sich so wenig über meinen Besuch freute. Im Stillen dachte ich: Mutter, bedeute ich dir denn gar nichts? Dabei vergaß ich, wie dankbar ich ihr eigentlich sein müsste. Sie hat meinem Mann das Leben geschenkt und mir den besten Ehegatten und Vater für meine fünf Kinder gegeben. An diesem Abend betete ich: „Herr, vergib mir meine Wehleidigkeit und meine Bitterkeit. Ich muss nicht nach Anerkennung und Lob heischen, sondern will mich zufriedengeben, egal, ob Menschen mich wertschätzen oder nicht. Mir sollte es immer genügen, dass du mich liebst und ich in deinen Augen wert geachtet bin."

Und noch ein Zweites macht mir Not. Jesus sagt im Neuen Testament: „Wenn du Almosen gibst, dann soll die linke Hand nicht wissen, was die rechte tut." Unsere fünf Kinder hatten nun alle ihr Staatsexamen geschafft. Aus großer Freude darüber gingen mein Mann und ich zur Bank und stellten einen Scheck für die Mission aus. Kaum hatte ich mich von dem Geld getrennt, da ließ mich plötzlich der Gedanke nicht in Ruhe: „Lotte, was hättest du von dem hohen Betrag alles kaufen können?" Mein Lohn bei Gott war durch meinen Geiz dahin. So stand es jedenfalls in der Heiligen Schrift. Alles, was wir tun, sollen wir von Herzen tun, fröhlich und ohne Zweifel.

Es ging mir längst nicht mehr um Frau Hermann, sondern ich sah mich selbst im Licht Gottes. Aber darin lag der Trost Christi: „Kommt her zu mir alle, die ihr mühselig und beladen seid, ich will euch erquicken." Und an einer anderen Stelle hieß es: „Wo die Sünde mächtig geworden ist, da ist Gottes Gnade noch viel mächtiger." Dafür hat Jesus sein Leben am Kreuz geopfert, um meine Schuld zu tilgen. Auf Golgatha bewies er seine Liebe zu mir. Das ist eine unfassbare Tatsache. Nun begriff ich: Jesus, der große und erhabene Herr, will in mir wohnen. Mein oft zerbrochenes Herz will er heilen und sein Ziel mit mir erreichen. Er gibt Befreiung von Schuld und bietet mir eine tiefe Geborgenheit. So bin ich meinem Herrn recht, wenn ich meine Scherben vor ihm ausbreite und mit Psalm 51 zu ihm bete: „Schaffe in mir, Gott, ein reines Herz und gib mir einen neuen, gewissen Geist. Verwirf mich nicht von deinem Angesicht und nimm deinen Heiligen Geist nicht von mir."

Fasse es, wer es kann: Gott will bei mir, dem zerschundenen Menschenkind, wohnen und mir seine Macht und Heilung kundtun.

Die Berufung des Paulus

Heute habe ich in meiner Stillen Zeit die Geschichte von der Bekehrung des Saulus gelesen. Dieses dramatische Ereignis vor Damaskus hat mich neu gepackt, und ich wurde dabei an meinen Einstieg in die Kindergottesdienstarbeit erinnert. Schon kurz nach meiner Konfirmation und meiner Hinwendung zu Christus hat mich unser Pfarrer gefragt, ob ich mir nicht vorstellen könnte, den Jungen und Mädchen die biblischen Geschichten am Sonntag nahezubringen. Mir war damals klar: Ich bin gerettet und in die Gemeinschaft mit Jesus aufgenommen, um ihm zu dienen und mitzuhelfen, dass auch andere zum Glauben finden. So bin ich gern in den Helferkreis eingestiegen und habe bis zu meinem Abitur die Gruppe der Konfirmanden im Kindergottesdienst betreut. Gerne denke ich an diese Arbeit zurück. Sonntag für Sonntag trafen sich bis zu 100 Kinder vor der Kirche in Breitenbach bei Bebra und wurden in verschiedene Gruppen aufgeteilt.

Vor Kurzem wurde ich von dem jungen Pfarrer meiner früheren Heimatgemeinde eingeladen, in seinem Seniorenkreis einen Vortrag zu halten. Dabei traf ich eine ganze Reihe meiner früheren Konfirmanden wieder. Mich hat es sehr gefreut, ihnen die Hand zu drücken. Es war für mich ein Zeichen, dass das Wort

Gottes Frucht gebracht hatte. Diese jungen Menschen von damals haben Jesus die Treue gehalten.

Der Bericht von der Bekehrung des Saulus war die erste Geschichte, die ich zu erzählen hatte. Aufgeregt war ich und voller Ängste, ob mir denn diese Aufgabe gelingen würde. Eifrig saß ich an der Ausarbeitung. Als ich mehrere Seiten gefüllt hatte, gab ich sie meinem Vater zu lesen und fragte ihn, ob ich denn alles richtig gemacht hätte. „Lottchen, das hast du gut gemacht; aber an einigen Stellen kannst du diese Geschichte noch spannender erzählen. Es ist ja ein dramatisches Ereignis, das es hier herauszuarbeiten gilt. Du müsstest aber schon das vorherige Kapitel 8 in Betracht ziehen."

Ich nahm diesen Rat an und vertiefte mich in diese Verse. Da lesen wir, dass Saulus für die Hinrichtung des Stephanus mit abgestimmt hatte und sie auch überwachen musste. Sein Zorn richtete sich auf diesen Jünger, der nun von Jesus nach seiner Auferstehung beauftragt war, das Evangelium auszurichten. Saulus war ein hochgebildeter Jude und ein frommer Mann. Aber dieser neuen Verkündigung, dass Christus der Heiland der Welt und drei Tage nach seinem Tod aus dem Grab auferweckt worden sei, konnte Saulus nicht zustimmen. Die Botschaft der Apostel hielt er für eine Irrlehre und war entschlossen, die Zeugen Jesu mit Stumpf und Stiehl auszurotten. So nahm dieser kluge und in der Heiligen Schrift bewanderte Gelehrte, der zu Füßen des großen Lehrers Gamaliel gesessen hatte, sein Amt wahr. Die Kleider des Stephanus, die dieser vor seiner Hinrichtung ausziehen musste, lagen nun vor Saulus und er musste die schrecklichen Steinwürfe, die zum Tod des Christuszeugen führten, beaufsichtigen. Saulus war fest davon überzeugt, dass seine Handlungsweise zu Recht geschah, denn er vertrat die jüdische Glaubenslehre und hatte die rettende, heilsame Botschaft Jesu noch nicht begriffen.

Die Haltung des Stephanus muss ihn aber tief berührt haben; denn dieser Jünger war sogar im Sterben von der Herrlichkeit Jesu umgeben. Laut rief er vor seiner Steinigung aus: „Siehe, ich sehe den Himmel offen und den Menschensohn zur Rechten Gottes stehen." Diese Aussage des treuen Märtyrers reizte seine Peiniger noch mehr zum Zorn. Sie stießen ihn zur Stadt hinaus, hoben mächtige Felsstücke auf und schleuderten sie mit voller Wucht auf diesen wahrhaft treuen Zeugen. Schwer getroffen rief Stephanus noch kurz bevor er tot zusammenbrach: „Herr Jesu, nimm meinen Geist auf!" Dann fiel er auf seine Knie und bat laut: „Herr, rechne ihnen diese Sünde nicht zu!" Welch eine Macht, Liebe, und Vergebungsbereitschaft sprach aus seinen Worten.

Wie betroffen muss Saulus von der Haltung des Jüngers Jesu gewesen sein. Doch leider führte dieses mutige Zeugnis des Stephanus nicht zu einer Sinnesänderung bei ihm. Er war sogar der Meinung, er habe eine große Tat begangen; denn er empfand Gefallen am Tod dieses Apostels, so steht es in der Heiligen Schrift.

Saulus war nun voller Hass gegen die Christen und begann sie mit aller Macht zu verfolgen, sodass die Gläubigen aus Angst Jerusalem schleunigst verließen und sich in der Umgebung versteckt hielten. Er hatte nur das eine Ziel vor Augen, wie er die Gemeinde Jesu zerstören könnte. So machte er sich mit seinen wütenden Begleitern auf den Weg und durchsuchte Haus um Haus. Wo er Christen und Christinnen vorfand, nahm er sie gefangen und warf sie in die Gefängnisse.

Aber nun geschah das Unglaubliche. Je mehr die Gläubigen verfolgt wurden, umso mutiger wurden sie in ihrem Zeugnis. Sie konnten einfach nicht von den großen Taten Jesu schweigen. Das Evangelium musste verkündigt werden, und sie wurden von einer mächtigen Freude ob dieses hohen Auftrags bewegt.

Aber der Eifer der Jünger versetzte Saulus noch mehr in Wut. In seinem Verfolgungswahn und seiner Hetzjagd kannte er keine Grenzen. So ließ er sich von den Hohenpriestern die Bestätigung geben, dass er mit brutaler Härte gegen die Christen vorgehen könnte. In Ketten gefesselt wollte er sie nach Jerusalem bringen.

Aber in dieser Situation griff Gott ein. In der Nähe von Damaskus stellte er sich diesem Christenhasser und Verfolger in den Weg. Plötzlich umstrahlte Saulus ein helles Licht, das ihn zu Boden warf. Eine Stimme sprach zu ihm: „Saul, Saul, warum verfolgst du mich?" Aber Saulus wusste nicht, was mit ihm geschehen war, und fragte: „Herr, wer bist du?" Die Antwort war unüberhörbar: „Ich bin Jesus, den du verfolgst.

Steh jetzt auf und geh in die Stadt! Dort wird man dir sagen, was du tun sollst." Die Begleiter des Saulus standen sprachlos vor ihrem Anführer. Was war nur geschehen? Sie hörten die Stimme, konnten aber keinen Menschen wahrnehmen.

Saulus erhob sich von der Erde und musste entdecken, dass er völlig blind war. Er wurde von seinen Begleitern an die Hand genommen, denn es war ihm unmöglich, auch nur einen Schritt allein zu gehen. Drei Tage lang sah er nichts vor Augen. Er verweigerte auch das Essen und Trinken. Gott aber hatte schon für seine Errettung vorgesorgt.

In Damaskus lebte ein Jünger Jesu mit Namen Hananias. Ihn gebrauchte Gott, um Saul das wahre Heil in Christus nahezubringen. Wie erschrocken muss Hananias gewesen sein, als er von seinem Auftrag erfuhr. Ihm wurde angeordnet: „Geh in die Straße, die die Gerade genannt wird. Im Haus des Judas frage nach Saulus, und siehe, er betet!" Da muss Hananias wie vom Schlag getroffen gewesen sein. Denn vom Christenverfolger Saulus hatte er schon gehört, dass er Freude, ja sogar Häme am Tod des Stephanus empfunden hatte. Sein Hass gegen Christen kannte keine Grenzen. Das hatte sich überall in der Gegend herumgesprochen. Viele treue Jesusjünger hatten aus diesem Grund aus Jerusalem fliehen müssen. Hananias zögerte, aber der Befehl Jesu hatte ihn getroffen. War dies wirklich möglich, dass sich dieser brutale Mann geändert hatte? Doch Gott forderte ihn auf: „Geh, Hananias, denn genau diesen Christenverfolger habe ich in meine Nachfolge gerufen. Er ist mein auserwähltes Werkzeug und wird meine Botschaft vom Heil Juden und Heiden verkündigen. Ja, er wird sogar vor Königen mein Evangelium bezeugen. Aber er wird auch viel leiden müssen um meines Namens willen. Sein Einsatz im Reich Gottes wird ihm gewaltige Opfer, ja sein Leben abverlangen."

Diese Zusage Jesu nahm Hananias die Angst, und er befolgte seinen Auftrag. „Lieber Bruder Saul", redete er den einstigen Christushasser an und legte ihm die Hände als Zeichen des Segens auf. „Mit dem Heiligen Geist sollst du erfüllt und wieder sehend werden." Nach diesen Worten wurde ihm die Blindheit genommen und wie Schuppen fiel ihm die Dunkelheit von den Augen. Er stand auf, aß und trank wieder und ließ sich sogleich zum Zeichen der Verbundenheit mit Jesus taufen.

Dies war der Beginn der unglaublichen Geschichte des Saulus, der später Paulus genannt wurde. Er wurde zum Völkerapostel und trug das Evangelium in viele Städte und Dörfer, ja bis nach Rom. Er war wirklich ein auserwähltes Werkzeug Gottes. Seine Briefe sind uns zum Zeugnis geschrieben und eine Grundfeste in der christlichen Gemeinde geworden. Angefangen aber hat die weltweite Ausbreitung der Christen mit der dramatischen Bekehrung des Saulus vor Damaskus. Dem Ruf Jesu, der ihn getroffen hatte, folgte er bis zu seinem Tod.

Trösten, wie eine Mutter tröstet

Nach der Morgenandacht, die ich gehalten hatte, bot ich den Freizeitteilnehmerinnen an, dass ich im Büro säße und jedem die Möglichkeit gäbe, ein seelsorgerliches Gespräch mit mir zu führen. Ludmilla klopfte an meine Tür: „Sie müssen sich viel Zeit für mich nehmen, Frau Bormuth, denn ich weiß nicht mehr ein noch aus. Eigentlich könnte mein Leben so schön sein. Mein Mann ist Zahnarzt und ich Immobilienmaklerin. Es geht uns wirklich gut und wir können uns viel leisten. Vor fünf Jahren sind wir in unser neues Eigenheim gezogen, das wunderschön am Waldrand liegt. Auf dem großen Grundstück hat mein Mann für unsere beiden Kleinen einen Spielplatz mit Hüpfburg und Schaukel angelegt, und an der Garage hängt der Basketballkorb. Unser Ältester spielt nämlich im Verein. Er ist ein ausgezeichneter Kreisläufer und erzielt viele Treffer. Immer sieht man ihn mit einem Ball in der Hand, sei es ein Fußball, ein Basketball oder ein Tennisbällchen. Mein Vater sagte einmal im Scherz zu mir, Wladimir sei wohl mit einem Ball geboren worden. Sie sehen, wir haben die besten Bedingungen, um glücklich zu leben. Und doch legt sich immer wieder eine tiefe Verstimmung auf mein Gemüt. Abends gehe ich zu Bett, schlafe zwei Stunden und wache dann auf, ohne wieder einschlafen zu können."

„Stehen Sie doch auf", riet ich Ludmilla, „bügeln Sie einen Korb Wäsche, lesen Sie ein Buch oder schreiben Sie einen Brief. So mache ich es immer, wenn ich nachts nicht zur Ruhe finden kann."

„Aber das ist ja mein Problem. Ich kann gar nicht aufstehen, sondern liege steif in meinen Kissen und kann mich nicht bewegen."

„Das muss doch einen Grund haben. Was steckt denn hinter Ihren Schlafstörungen?"

„Ich weiß die Ursache eigentlich schon lange, aber ich habe noch nie mit einem Menschen darüber reden können. Aber heute will ich meinen Konflikt ans Licht bringen. Ich war schwanger und erwartete unser drittes Kind. Gefreut habe ich mich über unseren baldigen Familienzuwachs. Ich überlegte schon, wie ich das Babyzimmer einrichten könnte. Wenn ich in einem Geschäft einen schönen Strampler oder einen Nickipullover entdeckte, der mir gefiel, dann griff ich zu. Mit hoher Wahrscheinlichkeit würden wir eine Tochter bekommen. Im Stillen suchte ich nach einem Namen. Constanze, Miriam und Nicole gefielen mir sehr gut. Dieses Mädchen würde das 16. Enkelkind in unserer Großfamilie sein. Bei den Russlanddeutschen ist ja die Kinderzahl meist hoch. Aber dann stellte die Ärztin bei einer Kontrolluntersuchung fest, dass es mit dem Baby Schwierigkeiten gäbe. Alle zwei Tage musste ich bei ihr zur Untersuchung erscheinen. Ihr Gesicht wurde immer bedenklicher. Schließlich überwies sie mich an einen Professor der Frauenklinik.

Gründlich wurde ich durchgecheckt. Seine Diagnose war für mich erschreckend: ‚Ihr Kind wird schwerstbehindert sein. Ich rate Ihnen zu einer Abtreibung.'

Am Boden zerstört saß ich vor dem Gynäkologen. Die Entscheidung lag nun bei mir. Was sollte ich tun? Mein Mann war der Meinung, ich sollte den Rat des Arztes befolgen. Mutter aber schaute mich traurig an, legte den Arm um mich und mahnte: ‚Ludmilla, tu das nicht. Du darfst dein Kind nicht töten. Wenn es ein schwaches, krankes Kind ist, wird er von selbst sterben. Lass dich nicht zu einem Abbruch bewegen. Gott will Leben. Vielleicht irrt ja der Professor. Wir werden für diese Geburt beten. Noch kann Gott Wunder tun.'

Ich weiß heute, ich hätte auf meine Mutter hören sollen. Aber damals waren wir noch keine Christen. Erst ein Jahr später haben sich mein Mann und ich bei einer Evangelisation bekehrt. Und so folgte ich dem Rat des Arztes, ging in die Klinik und ließ die Abtreibung vornehmen. Seit dieser Zeit bin ich todunglücklich. Ich habe mein Baby getötet. Meine Schlafstörungen hängen sicher mit der Abtreibung zusammen. Hätte ich doch nur auf meine Mutter gehört. Ich bin verzweifelt. Was soll ich bloß tun?"

Still war es nun zwischen uns geworden. Dann las ich Ludmilla den Vers vor, der mir schon in meinem Leben wichtig geworden ist: „‚Wo die Sünde mächtig geworden ist, da ist Gottes Gnade noch viel mächtiger geworden.' Darin liegt Ihre Chance, dass Gottes Erbarmen Sie umfängt und er Ihnen Ihre Schuld vergeben will. Wenn diese schwere Last von Ihrem Herzen genommen ist, werden Sie auch gewiss wieder schlafen können. Ihre Reue erfreut Gott und er steht zu Ihnen. Keine Macht der Welt darf Ihnen den Frieden Gottes nehmen. Im Namen Jesu Christi spreche ich Ihnen die Vergebung Christi zu." Und dann beteten wir noch gemeinsam.

Als wir uns von unseren Knien erhoben, legte ich behutsam meinen Arm um Ludmilla. Sie brauchte diesen Trost. Mutmachend erklärte ich ihr: „Die alte Schuld ist begraben. Dafür hat Christus sein Leben am Kreuz ausgehaucht, damit wir versöhnt mit Gott leben dürfen."

„Frau Bormuth", schaute mich die junge Frau mit ihren großen Augen an, „aber wo ist jetzt mein Baby?"

„Ihr Baby ist jetzt bei Gott in seiner Herrlichkeit. Dessen dürfen Sie gewiss sein. Vom Himmel schaut es herab auf Sie und freut sich Ihrer Tränen, dass nun alles wieder in Ordnung gekommen ist. Sie sollen eine frohe Mutter in Ihrer Familie sein." Ludmilla nickte mir zu und drückte mir dankbar die Hand.

Welch ein Glück bedeutet doch Gottes großes Verzeihen für uns. Seine Liebe ist nicht auszuloten.

Wer heilt die Wunden?

So viele Gäste wie in diesem Jahr hatten wir noch nie zu unserer Heiligabendfeier für Bedürftige und Einsame. Es herrschte eine schreckliche Enge. Überall mussten wir noch Stühle einschieben. Was mich aber wunderte, war ein Tisch, an dem nur ein Mann saß. Immer wieder wechselten die Gäste ihren Platz und setzten sich woanders hin, sodass der Herr allein blieb. Ich ging zu ihm und begrüßte ihn. Er freute sich sichtlich, lächelte mich an und zeigte sich recht gesprächig. Was mich stark befremdete, war der üble Geruch, der mir in die Nase stieg. So öffnete ich das Fenster. Aber da hörte ich schon eine Stimme aus dem Hintergrund: „Es zieht, es zieht!" Also schloss ich das Fenster wieder. Aber ich hielt es auf meinem Stuhl fast nicht mehr aus. Es roch gewaltig, und dann sah ich, dass dickflüssiger Eiter aus dem Schuh unseres Gastes quoll. Der Mann erzählte mir nun, dass er seit Jahren einen offenen Fuß habe. Er habe schon mehrere Ärzte aufgesucht, aber seine Wunde konnte kein Mensch heilen. Er meinte, er müsse wohl ein Leben lang dieses Übel ertragen. Da ich sehr geruchsempfindlich bin, fiel es mir nicht leicht, länger an diesem Platz sitzen zu bleiben. Doch plötzlich stand mir das Wort Jesu vor Augen: „Was ihr getan habt einem meiner geringsten Brüder, das habt ihr mir getan."

Das ist übrigens auch mein Konfirmationsspruch. Also blieb ich sitzen. Ich merkte, wie sehr sich unser Gast freute. Nun hatte er in mir eine Gesprächspartnerin gefunden und er erzählte mir viel aus seinem Leben. Ab und an musste ich ihn allein lassen, wenn ich dafür zu sorgen hatte, das Programm des Abends weiterzuführen. Erst gegen 22.30 Uhr neigte sich der Abend dem Ende zu. Herzlich drückte mir unser Gast die Hand beim Verabschieden. „Es war sehr schön für mich, in Ihrer Nähe das Christfest zu feiern. Ich wünschte mir öfter mal einen Menschen, mit dem ich reden kann."

„Na, da werden wir sicher eine Lösung finden." Nach Weihnachten suchte ich eine Möglichkeit, wie das kranke Bein behandelt werden könnte. Seine Adresse hatte mir der Gast verraten. Er brauchte auch eine gute Betreuung und tatkräftige Hilfe. So telefonierte ich mit dem sozialen Dienst im Gesundheitsamt, und der Mitarbeiter war bereit, sich des Elends dieses alten Mannes anzunehmen. „Dafür stehen wir doch zur Verfügung", versicherte er mir noch.

Es mochten wohl sieben Monate seit Weihnachten vergangen sein, als ich unseren Gast vor dem Diakoniekrankenhaus in Marburg auf einer Bank sitzen sah. Ich setzte mich zu ihm, und fröhlich erzählte er mir, dass es ihm mit seiner Wunde am Fuß viel besser ginge. Sie sei schon fast geheilt und die Behandlung hier bei den Diakonissen sei ausgezeichnet. „Für mich hat ein neues Leben begonnen", sagte er lächelnd zu mir.

„Haben Sie dafür gesorgt?" Ich schwieg und lachte zurück. Darüber war auch ich beglückt.

Während ich diese Zeilen niederschreibe, wurde ich an Franz von Assisi erinnert. Er war ein Genie der Liebe. Stolz war der Kaufmann Pietro Bernardone auf seinen Sohn Franziskus. Wenn er mit seinem Gefolge ausritt, beglückte das Volk den jungen Mann mit Jubelrufen. Begabt war er und hatte eine klare, reine Stimme.

Als er einmal nach einem Feldzug mit seiner Truppe vom Kampf zurückkam und die Lieder der Provence in seine Heimat brachte und sie sang, wurde er von den Menschen zum König des Festes ernannt. Stolz war Franziskus, dass der Kaiser Friedrich der Zweite ihn in Kürze zum Ritter schlagen wollte. Aber sein Ruhm hielt nicht lange an. Eine schwere Erkrankung setzte ihm heftig zu. Seine Träume von einem erfolgreichen Leben schienen wie Seifenblasen zu zerplatzen. Sein Prunk, sein ausschweifendes Leben mit seinen Freunden, seine Spiele und Gesänge kamen ihm nun fade und nichtig vor. Erst nach vielen Wochen erholte er sich nach einem langen Krankenlager.

Die Tage seines Lebens hatten sich nun total verwandelt. Er suchte die Einsamkeit, um über das Wesentliche seines Lebens nachzudenken, und ritt mit seinem Pferd aus. Kaum hatte er die Stadt verlassen, da begegnete ihm am Straßenrand ein Aussätziger. Über und über war er in seinem Gesicht mit übel riechenden, ekligen Wunden bedeckt. Dieser Elende streckte seine Hand aus und bat Franziskus um eine milde Gabe. Sogar das Pferd scheute sich vor dem Kranken und wich vor ihm zurück. Voller Abscheu gab Franziskus seinem Tier die Sporen und ritt davon.

Aber schon nach wenigen Kilometern erschrak er. Wie konnte er nur so herzlos sein und den Aussätzigen zurückstoßen. Er schämte sich über seine Lieblosigkeit; denn sein Gewissen meldete sich. Er lenkte sein Pferd wieder zurück und suchte den Bettler am Wegesrand auf. Sofort stieg er ab, ging auf den Aussätzigen zu, umarmte ihn und drückte ihm einen hohen Geldbetrag in die Hand. Franziskus war selbst nicht wenig von seiner inneren Wandlung überrascht. Aussätzige durften sich noch nicht einmal in eine Stadt wagen, weil die Bewohner fürchteten, sie könnten sich bei ihnen anstecken. Er aber hatte den mit hässlichen Wunden bedeckten Bettler sogar in die Arme genommen.

Diese Begebenheit hatte sein stolzes Herz gebrochen und sein Leben von Grund auf verändert. Nun entwickelte er ein Herz für die Armen, betreute fortan die Kranken und kümmerte sich besonders um die Aussätzigen. Seine Freunde verstanden nicht, warum er sich von ihnen zurückgezogen hatte, und wollten ihn wieder in ihre Kreise ziehen. Er aber hielt an seinem Entschluss fest, fortan für Gott zu leben und sich der Armen und Bedrängten anzunehmen. Ja, sie neckten ihn und fragten: „Na, Franz, hast du etwa heimlich eine Braut gefunden?"

„Ja", antwortete er ihnen, und dabei strahlten seine Augen. „Ihr habt recht. Eine edle und wunderschöne, so wie sie euch noch nie begegnet ist." Er meinte damit seine neue Aufgabe, nämlich den Dienst an den Armen, vor allen Dingen aber an den Aussätzigen. Das machte ihn fröhlich und glücklich. Es bekümmerte ihn überhaupt nicht, dass er sein großes Vermögen verkauft hatte. Er hatte nämlich einen größeren Schatz gefunden, den Reichtum der Liebe in Gott. Natürlich war der Vater über die Haltung seines Sohnes empört. Als er eines Tages lautes Gegröle auf der Straße hörte, öffnete er das Fenster und schaute hinunter. Er war entsetzt, als er seinen Sohn im Gewand eines Bettlers sah, ausgemergelt und abgemagert. Eine Gruppe johlender Schulbuben bewarf ihn mit Steinen und rief ihm nach: „Du Narr! Du Narr!" Der Ärger ließ dem Vater die Zornesröte ins Gesicht steigen. Er schickte seinen Diener hinunter auf die Straße, um seinen Sohn zu holen. Auf der Stelle ließ er ihn einsperren. Was war nur aus seinem einst so stolzen Sohn geworden?

Vergeblich versuchte die Mutter ihren Sohn aus dem Verlies herauszuholen. Sie begann, beim Vater für ihn zu vermitteln, hatte dabei aber keinen Erfolg. Sogar der Bischof schaltete sich ein und versuchte, zusammen mit dem Vater Franz von seinem neuen Weg abzubringen. Er warf ihm vor, dass er ja den Reichtum vom Vater ererbt und nun kein Recht habe, ihn an Bettler und Aussätzige zu verschleudern. Da riss Franz sich die Kleider vom Leib, warf dem Bischof das Geld vor die Füße und rief aus: „Bisher war ich ein gehorsamer Sohn meines Vaters, aber nun will ich Gott allein dienen." Wütend verließ da der Vater das Zimmer, der Bischof aber hüllte den Nackten in seinen eigenen Mantel.

Franz von Assisi lebte fortan als Einsiedler in einer Höhle. Er zog durch die Lande, predigte das Evangelium, liebte die Armen, heilte und versorgte die Aussätzigen. Es war die Liebe Christi, die ihn zu einem solch selbstlosen Handeln getrieben hatte.

Mathilda Wrede – hingebungsvoll in der Liebe

Mathilda Wrede ist unter den Christen weithin bekannt als Engel der Gefangenen. Geboren wurde sie am 8. März 1864. Auf ihrem Grabstein lesen wir die Inschrift „Gottes Leibeigene". Sie wurde in eine reiche, angesehene Familie hineingeboren. Ihr Vater, Freiherr Karl Gustav Wrede, war Gouverneur des finnischen Bezirks Vaasa. So war es ihr vergönnt, eine wohlbehütete Kindheit zu verleben. Umsorgt wurde sie von ihrer älteren Schwester, die Mutterstelle an ihr angenommen hatte, denn schon kurz nach ihrer Geburt war sie Halbwaise geworden. Es ist bewegend, wie Mathilda sich schon als junges Mädchen von Gott berufen wusste, sich der Gefangenen in den finnischen Gefängnissen anzunehmen und ihnen die Botschaft von Jesus zu verkündigen. Sie war erfüllt von einer innigen Hingabe an diese elenden Menschen. Ihre ganze Haltung war Liebe. Leben und seelsorgerlicher Auftrag klafften bei ihr nicht auseinander.

Eines Tages reparierte ein gefangener Schmied in ihrem Elternhaus ein Türschloss. Die Achtzehnjährige unterhielt sich mit dem Mann, und dieser bat sie: „Bitte, kommen Sie mal in unser Gefängnis und reden Sie mit den Inhaftierten, wie Sie mit mir geredet haben. Wir haben es nämlich bitter nötig." Mathilda Wrede hatte diesem Schmied mit bewegenden Worten von Jesus, dem Retter für uns Menschen, erzählt. Nun hatte er das dringende Bedürfnis, dass diese einzigartige Botschaft auch seinen Leidensgenossen zugänglich gemacht würde.

Schon als junges Mädchen war Mathilda mit der Erweckungsbewegung in ihrem Land bekannt geworden und war selbst dem göttlichen Feuer nahegekommen. Es war ihr ein Anliegen, den Menschen die Liebe Jesu Christi nahezubringen. So gewann diese junge Christin ein großes Arbeitsfeld in den Zuchthäusern Finnlands. Es ist erstaunlich, mit welcher Liebe und Hingabe sie diesen Auftrag wahrnahm. Mörder und Räuber, Vergewaltiger und Kinderschänder ließen sich diesen Dienst von ihr gefallen. Sie wusste sich in den Händen Jesu geborgen und empfand keine Angst, wenn sie zu den Schwerstverbechern ging. Gott hatte sie mit Vollmacht und einem herzlichen Einfühlungsvermögen gegenüber diesen rauen Männern ausgestattet. Sie verspürte keine Berührungsängste, wenn sie sich zu ihnen auf die Pritsche setzte und ihnen die wunderbare Botschaft von Jesus verkündigte, der auch für sie zum Retter und Erlöser in diese Welt gekommen war. So brach in den Zuchthäusern neue Hoffnung auf. Die Wärter in den Gefängnissen staunten über den Mut der jungen Frau, die schnell das Vertrauen zu den Verbrechern gewann.

Ihr Vater sah den Eifer seiner Tochter und unterstützte sie. So schenkte er ihr ein Haus, in dem sie Strafentlassene nach ihrer Freilassung aufnehmen und ihnen eine neue Heimat geben konnte. Kein Weg war ihr zu weit und schwer. Sie beherzigte das Wort Jesu, wie es im Gleichnis vom Barmherzigen Samariter zum Ausdruck kommt. So begleitete sie die Gefangenen zu den Gerichtsverhandlungen und nahm auch weite Wege auf sich, wenn politische Gefangene nach Sibirien in die berüchtigten Kohlebergwerke verbannt wurden. Erst an der Grenzstation nahm sie Abschied von ihnen. Wie oft hat sie ehemalige Gefängnisinsassen auf den Bauernhöfen aufgesucht, nachdem sie ihnen dort einen Arbeitsplatz besorgt hatte. Sie ließ sich auch von keinem herben Rückschlag entmutigen. Die Gewissheit durchdrang sie, dass Gottes Kraft jedes noch so harte Herz erreichen und Neues schaffen kann. Ihr Vermögen opferte sie, um Ödlandhöfe zu kaufen und den Männern Arbeit und Brot zu verschaffen.

Eine besondere Aufgabe fiel ihr nach dem Ersten Weltkrieg und der Russischen Revolution zu. Auf der karelischen Landzunge war das Elend riesengroß. Tausende russischer Flüchtlinge lebten hier in äußerster Armut. Mathilda reiste selbst in die Flüchtlingslager, um sich der Not anzunehmen. Mit ihren Freunden organisierte sie in Finnland eine Hilfsorganisation. Die Bedrängnisse der Kriegsereignisse machten ihr zu schaffen. Die Bürde wurde ihr zu schwer und sie wäre fast darunter zerbrochen. Außerdem waren die orthodoxen Mönche von Valamo am Ladogasee in schreckliche Bedrückung geraten. Ihr Glaube erlaubte es ihnen nicht, die neue Zeitrechnung in Finnland zu akzeptieren und ihren Ostertermin zu verlegen. Mathilda respektierte die Haltung der Mönche, die in Treue und Hingabe ihrer Kirche dienen wollten.

Obwohl sie selbst gesundheitlich angeschlagen war, fuhr sie zur Weltkonferenz für praktisches Christentum nach Stockholm. Es gelang ihr aber nicht, die Prozesse gegen die Mönche abzuwehren. Viele von ihnen mussten harte Urteilssprüche hinnehmen und wurden nach Sibirien in die Verbannung geschickt.

Sie selbst spürte auch, dass sie bald ihrem Lebensende entgegenging. Am Heiligabend 1928 hauchte sie ihr Leben aus. Ihre letzten Worte, die sie ihrer Freundin mitteilte, lauteten: „Glaubst du, dass das Leben eines anderen Menschen so reich ist wie das meinige? Und weißt du, jetzt hat Gott mir einen anderen Auftrag zugeteilt. Ist das nicht wunderbar?" Sie fühlte, dass sie den Christtag in der neuen Welt bei Gott feiern würde, und war sich bewusst, dass in der Herrlichkeit viele neue Aufgaben auf sie warteten. Im Grunde freute sie sich über diese Gewissheit. Sie war nicht der Typ, der sich von Gott in einen Winkel stellen lassen wollte, wo sie nur Harfe spielen sollte, und war davon überzeugt: Der Auftrag des Königs Jesu hat Eile in dieser und jener Welt.

Der Sturm dreht ab

Ich war doch heftig erschrocken, als ich im Fernsehen hörte: „Ein gefährlicher Hurrikan rast über den Osten der USA. Er wird in Kürze New York erreichen und weiterziehen in Richtung Boston." Die Bewohner der Städte wurden über Rundfunk und Fernsehen aufgefordert, ihre Häuser nicht zu verlassen. Überschwemmungen waren angesagt und unübersehbare Verwüstungen. Dieser Hurrikan hatte schon viele Tote und noch mehr Verletzte gefordert. Strommasten wurden umgerissen und in den Häusern fiel die Elektrizität aus. Die Wohnungen blieben kalt und die Menschen saßen im Dunkeln. An eine warme Mahlzeit war nicht zu denken. Auf den Straßen fuhren keine Straßenbahnen und Busse mehr. Der ganze Verkehr war lahmgelegt. Viele Familien haben sich sofort mit Hamsterkäufen eingedeckt, denn noch war nicht zu ermessen, wie lange diese Katastrophe dauern würde. Hilflos schienen die Millionenstädte wie New York und Boston dem Unwetter ausgesetzt zu sein. Noch nicht einmal die Toten konnten würdig beerdigt werden. Als ich diese Nachrichten im Fernsehen vernahm und die Bilder der ungeheuren Zerstörung sah, wurde ich von Angst gepackt. Erst vor wenigen Wochen war unsere Enkelin Mareike in die USA aufgebrochen. Von der Universität Boston hatte sie ein Stipendium erhalten, worüber sie sich mächtig gefreut hat. Und nun diese Bedrohung ihres jungen Lebens. Ich setzte mich ans Telefon und rief alle unsere Familienmitglieder an, sie möchten doch für Mareike beten. Mit über dreißig Leuten sind wir schon ein großer Clan. Würde unser Beten Gottes starken Arm bewegen und Mareike bewahren? Wir konnten gar nichts Besseres tun als beten. Während New York immer noch unter den verheerenden Folgen des Hurrikan litt, drang schon am nächsten Tag folgende Nachricht über das Radio zu uns: „Der Hurrikan hat seine Richtung geändert und driftet nun nordwestlich nach Kanada ab. Boston liegt nicht mehr im Gefahrenbereich."

„Praise the Lord!", drang es spontan über meine Lippen. „Die Gefahr für Mareike ist gebannt." Befreit atmete ich auf und dankte meinem Herrn. Erst Stunden später aber bewegte mich der Gedanke: Boston blieb verschont, aber nun hat Kanada das Problem am Hals. Darf ich mich da überhaupt so freuen?

Sieben Taufen einer Familie

„Heute hatte ich sieben Taufen", berichtet mir mein Sohn voller Freude. „Eine Frau aus Kasachstan sprach mich an: ‚Nun gehe ich schon so lange hier in den Gottesdienst und habe zu Ihnen, Herr Pfarrer, Vertrauen gefasst. Wären Sie bereit, meine beiden Kinder zu taufen?'

‚Natürlich, Frau Martin, erfülle ich Ihre Bitte, sogar mit großer Freude.' (Der Name ist geändert.) Die Frau schwieg einen Augenblick und fuhr dann fort: ‚Würden Sie auch mich taufen? Schon lange ist dies mein sehnlichster Wunsch. In Russland war das früher nicht möglich. Und dann, Herr Pfarrer, darf ich Sie fragen, ob Sie auch noch meinen Mann taufen würden?'

‚Ja, dann würde Ihrer Familie komplett das Angebot Gottes zuteil.'

‚Nicht ganz, Herr Pfarrer. Schon lange bewegt auch meine Mutter, meinen Bruder und meine Schwester der Gedanke, wie schön es wäre, wenn wir alle zur Gemeinde der Christen gehörten. Wir besuchen ja schon lange Ihre Gottesdienste.'

Mein Herz schlug natürlich höher, und gleich am darauffolgenden Sonntag standen sieben Täuflinge, große und kleine, am Altar und empfingen den Zuspruch Gottes: ‚Weil du in meinen Augen so wert geachtet bist, sollst du auch wunderbar sein, denn ich habe dich lieb. Darum fürchte dich nicht!'"

Jeder in der Familie verließ das Gotteshaus mit einer schönen Taufkerze. Ich aber freute mich mit meinem Sohn; denn wem wird dieses Geschenk zuteil, gleich sieben Familienglieder in die Gemeinde aufzunehmen?

Die Fußfalle

Heute Morgen wäre ich fast wieder in eine Fußfalle getappt, die mir sicher nicht nur diesen einen Tag vermiest hätte. Ich musste mich von einer wichtigen Sitzung abmelden, weil ich eine dringende Augenoperation vorhatte und auch sonst durch einen schweren Unfall geschädigt war. So fügte ich noch an, dass es jetzt wohl an der Zeit sei, meine Mitarbeit an diesem Glaubenswerk aufzugeben, ich wäre ja inzwischen auch älter geworden. Von der Leiterin dieser Mitgliedsversammlung hatte ich mir ein ermutigendes Wort zu meinem Ausscheiden gewünscht und auch einen Dank für jahrzehntelange Treue; denn ich gehöre zu den Gründungsgliedern dieses Vereins, der vor über dreißig Jahren ins Leben gerufen wurde mit dem Auftrag, sich um junge Menschen zu kümmern, die aus der Spur geraten und dem Rausch verfallen waren. Doch die Leiterin sagte nur: „Na gut, ich nehme Ihre Entschuldigung zur Kenntnis. Sicher ist es nicht so wichtig, dass Sie bei den Sitzungen anwesend sind. Machen Sie sich zu Hause noch weiterhin ein paar schöne Jahre." Und dann legte sie den Hörer auf.

Ich fühlte mich gekränkt. Bedeutete ich dem Werk nichts mehr, als dass ich mit so ein paar knappen Sätzen abgefertigt wurde? Hatte denn die Leiterin überhaupt nicht verstanden, dass ich einen schweren

Unfall erlitten hatte und nun auch noch zwei komplizierte Augenoperationen auf mich warteten? Ich hätte dringend ein ermutigendes Wort gebraucht. So aber fühlte ich mich im Regen stehen gelassen und meinem Trübsinn ausgeliefert. Ich wurde wehleidig.

Was half mir in dieser Situation? Schon vor einer längeren Zeit hatte ich mir in meinen Dienstaufträgen vorgenommen: „Lotte, nimm dich nicht so wichtig. Bewege verletzende Worte nicht allzu lange in deinem Herzen. Vielleicht nimmst du sie nur verkehrt auf. Es gibt Größeres, das du tun kannst. Wende dich neuen Aufgaben zu und vergiss schnell die kränkenden Beleidigungen." Auch wenn ich das alles sehr gut weiß, fiel es mir doch nicht ganz leicht, das Telefonat aus meinen Gedanken auszuschalten. Was mir half, nicht in dieser Fußfalle stecken zu bleiben, waren tröstende, ermutigende Erfahrungen, die mich durch diesen Tag begleiteten. Ich sagte mir: „Gott hat mich nicht aus den Augen verloren, wie schlimm auch dieser Unfall war und wie viele Schmerzen ich dabei erdulden musste. Nun will ich diese neue Situation annehmen und will lernen, kürzerzutreten, ohne mir dabei wertlos vorzukommen. Meine Wertschätzung liegt doch allein darin, dass Gott mich liebt und er Anfang, Mitte und Ende meines Lebens in seinen Händen hält. Und wenn er dann noch besondere Zugaben für mich bereit hat, nehme ich sie gerne an und bin glücklich."

Und dann geschah kurz danach etwas Unerwartetes. In den Stunden, die dem Anruf mit der Leiterin folgten, wurde ich geradezu überschüttet mit guten Nachrichten und ich sagte mir im Stillen: „Lotte, du hast wirklich einen wunderbaren Gott an deiner Seite, der dich wieder fröhlich macht."

Da war zunächst die Untersuchung nach der Operation in der Augenklinik mit dem Bescheid: „Frau Bormuth, Sie haben die allerbesten Chancen, wieder gut sehen zu können. 80 bis 90 Prozent Ihrer Sehkraft werden Sie nach Abschluss der Behandlung wieder erhalten." Wer würde da nicht jubeln und ausrufen: „Praise the Lord!" Als ich aus der Klinik wieder zu Hause war, holte ich die Post aus dem Briefkasten. Frau Mittelstädt, die Herausgeberin der christlichen Frauenzeitschrift *Lydia*, teilte mir mit: „Wir möchten uns ganz herzlich für Ihre ermutigende Geschichte mit dem Titel ‚Weihnachten im Frauengefängnis' bedanken. Sie wird sicherlich vielen Frauen deutlich machen, worum es an Weihnachten geht. Jetzt ist es unser Gebet, dass Gott durch das gedruckte Wort die Herzen berührt und Frauen verstehen, dass Jesus als Kind in unsere Welt gekommen ist, damit wir eines Tages für immer bei ihm sein können." Dass solche Zeilen mein Inneres fast zum Zerspringen bringen, muss ich nicht erwähnen. Ich begreife, dass ich noch nicht abgeschrieben und zum alten Eisen gerechnet werde.

Und dann gingen die Erfahrungen der Freude noch weiter. Eine Frau hoch aus dem Norden rief mich an. Ich hatte sie im Sommer zu einer Freizeit eingeladen und sie war auch gekommen. Es ging ihr in dieser Zeit körperlich und seelisch sehr schlecht. Die Beziehung zu einem wesentlich älteren Mann verlief für sie nicht gerade glücklich. Er erlaubte ihr zwar, den Gottesdienst am Sonntag zu besuchen, aber er selbst setzte keinen Fuß über die Kirchenschwelle. Frau Simon, so will ich sie hier nennen, war es schon lange bewusst, dass diese Verbindung nicht von Erfolg begleitet sein dürfte. Nach jedem Besuch bei ihm meldete sich ihr Gewissen: „Ute, denk daran, du wirst schuldig, wenn du im Bett eines Menschen landest, der nicht dein Ehepartner ist. Du begehst Ehebruch; denn während du dich mit ihm in den Kissen vergnügst, warten zu Hause seine Frau und seine drei Kinder."

Sehr deutlich hatte ich ihr in einem längeren Gespräch geraten: „Ute, schicken Sie Ihren Liebhaber sofort in die Wüste und bitten Sie Gott um Vergebung für Ihre Schuld." Leicht waren mir diese Worte nicht über die Lippen gekommen. Aber hier konnte nur eine radikale Trennung von diesem Mann helfen. Die erneute Hinwendung zu Christus, den sie ja schon in jungen Jahren kennengelernt und in dessen Nachfolge sie getreten war, würden sie innerlich zur Ruhe und zum Frieden bringen. Bei Ute hatte sich während unseres Gesprächs ein Sturm in ihrem Herzen entfacht. Sie erkannte, auf welch schlüpfrigem Weg sie sich befand. Noch auf der Freizeit setzte sie sich hin, schrieb einen Brief an ihren Liebhaber und beendete diese schuldhafte Beziehung. Ich begleitete sie dann auch weiter mit meinen Gebeten auf ihren Wegen. Natürlich freute mich dann ihr fröhlicher Anruf: „Mir geht es wieder gut. Endlich habe ich den Schlussstrich gezogen. Mein Freund hat die Trennung akzeptiert, ohne mir schlimme Vorhaltungen zu machen, und ist wieder zu seiner Familie zurückgekehrt."

An diesem Nachmittag wurde mir bewusst: Vieles, das ich als junger Mensch mit Schwung und Elan tat, ist mir nun im Alter aus den Händen genommen. Aber das Wichtigste ist mir geblieben und wird mir auch bleiben, bis ich auf dieser Erde mein Ziel erreicht habe: das Gebet. So will ich mich neu in meinem Beten üben. Ich will für Kranke, Elende, Bekümmerte und Niedergeschlagene da sein. Aber auch für die Freude, das Glück, das Schöne und Gute, was Gott an uns Menschen täglich tut, will ich mich bei meinem Vater im Himmel bedanken. So wird mein Leben immer reich bleiben, auch wenn ich an Kraft und Stärke verliere. Ich werde noch gebraucht, und das empfinde ich als wohltuend. Ich will mich daran halten: Auch in meiner Krankheit und Schwäche bin ich noch wertvoll. Mein Herr lässt mich nie fallen.

Die Jahreslosung, die ich eben gelesen habe, passt genau in meine Situation: „Jesus Christus spricht: Meine Kraft ist in den Schwachen mächtig."

Vor allen Dingen möchte ich meinen Humor nicht verlieren. Kürzlich war ich bei meiner Tochter und ihrer Familie zu Besuch. Plötzlich rief sie mir zu: „Mutti, komm schnell in den Garten. Schau nur in den

Wolken die Wildgänse!" So sehr ich auch den weiten Himmel absuchte, den Zug der Vögel konnte ich nicht entdecken. Ich sagte nur: „Anne-Ruth, ich höre sie deutlich, und ihren Flug kann ich mir gut vorstellen. Jetzt werden sie über euer Haus fliegen. Ich liebe die Wildgänse und habe schon viele ihrer keilförmigen Formationen am blauen Himmel verfolgt. Wie gut, dass mein Gehör noch so intakt ist. So kann ich mich immer noch am Zug der Vögel freuen."

Unsere Tochter nahm mich in den Arm: „Mutti, du bist einzigartig. Du gewinnst jeder Situation noch etwas Gutes ab. Das Jammern liegt dir fern, und du willst nicht unser Gemüt beschweren. Du machst es uns leicht, wenn wir an den Unfall und an die anderen Bedrängnisse denken, die dir in letzter Zeit widerfahren sind. Nie machst du uns ein schlechtes Gewissen, dass wir uns zu wenig um dich und Papa jetzt in eurem Alter kümmern. Ich kann nur über dich staunen. Du wirst mir in deinem Verhalten zu einem guten Vorbild."

Wir lachten beide, und Anne-Ruth drückte mich fest an sich.

In einem Buch von Anselm Grün las ich Folgendes:

„Gerade wenn ich nichts mehr leisten kann, wird klar: Auch in gesunden Tagen darf ich meinen Wert nicht in meiner Leistung sehen. Mein Wert besteht nicht in meinem Nutzen für irgendwen oder irgendetwas. Er besteht in meiner Würde als Mensch. Diese Würde geht nicht verloren, wenn ich alt und schwach oder krank oder arbeitslos bin. Allerdings möchte ich meinen Wert auch darin zeigen, dass ich nicht nur vor Gott wertvoll bin, sondern auch für andere Menschen."

Die Wildgänse

Noch einmal will ich von Wildgänsen erzählen. Heute habe ich gleich zweimal laut gen Himmel gerufen: „Praise the Lord!" Ich hörte nämlich das trompetende Geschrei der Wildgänse und lief schnell auf unsere Terrasse, um mir das Schauspiel nicht entgehen zu lassen. Immer im Herbst warte ich gespannt auf den Flug dieser Vögel, wenn sie in wärmere Gefilde gen Süden ziehen. Die keilförmige Formation ihrer Schwärme faszinierte mich schon als Kind. Vor acht Tagen hatte mich mein Mann in den Garten gerufen: „Lotte, die Wildgänse fliegen wieder!" Ich eilte hinaus, hörte ihr laut tönendes Krächzen, schaute auf zum Himmel, konnte aber diese wunderbaren Vögel nicht wahrnehmen, so sehr ich mich auch bemühte und den Himmel absuchte.

Ärgern konnte ich mich darüber nicht, denn ich wusste schon länger, dass sich ein nebliger Schleier über die Linse meiner Augen gelegt hatte. Das Lesen machte mir keinen Spaß mehr. Es strengte mich zu sehr an. Nun war ich aber operiert worden, und als mir der Verband abgenommen wurde, sah die Welt um mich herum ganz anders aus. Die Farben strahlten und die Konturen waren klar. Alles konnte ich deutlich um mich herum wahrnehmen, auch meine geliebten Wildgänse. Ich war glücklich, und von daher ist mein Lobpreis verständlich. Laut rief ich, und es hätte mich sogar gefreut, wenn auch die Nachbarn meine Freude vernommen hätten. Was ist das für ein Geschenk, wieder sehen zu können! Überall hätte ich es am liebsten hinausposaunt: „Leute, habt ihr es schon gehört, meine Augen sind geheilt! Ich kann wieder sehen!"

In meinem Neuen Testament schlug ich den Text Lukas 18,25 ff. auf. Dort geht es um die Heilung eines Blinden. Ich hatte diese Geschichte schon oft gelesen, aber noch nie ging sie mir so unter die Haut wie heute nach dem Vogelflug. Mein Innerstes wurde davon zutiefst berührt. Da sitzt vor den Toren Jerichos im jüdischen Land ein Blinder am Wegrand. Arbeiten kann er nicht, um sich seinen Lebensunterhalt zu verdienen. Ihm bleibt nur, dass er seine leeren Hände ausstreckt und darauf wartet, bis die Vorübergehenden ihm eine milde Gabe hineinlegen. Aber oft beachten ihn die Menschen gar nicht und schlendern an ihm vorüber. Ein elendes Dasein ist ihm beschieden, und zudem bleibt es in ihm und um ihn herum immer dunkel. Nun aber hört der Blinde das Getrappel einer großen Menschenmenge, die an ihm vorüberzieht. So ruft er ihnen zu: „Was ist hier los? Wer kommt denn vorbei?"

„Es ist Jesus", wird ihm berichtet. Da erkennt er seine einmalige Chance. Wenn ihm einer in der Welt helfen kann, dann ist er es, der Gottessohn. Von ihm hat er schon gehört, welch großer Menschenfreund er sei. Von ihm gehen heilende Kräfte aus, und er hat schon viele Kranke gesund gemacht. Jetzt könnte doch auch für ihn die rettende Stunde kommen, dass er sich seiner annimmt. Nichts kann ihn mehr davon abhalten, laut loszubrüllen: „Jesus, du Sohn Davids, erbarm dich meiner!" Aufregung entsteht in seiner Nähe und die Umstehenden schreien ihn an: „Sei endlich still, du Blödmann! Halt deinen Mund! Was willst du schon vom Heiland, der du doch von allen Menschen ausgegrenzt bist? Du bist vor Jesus ein Nichts. Mach dich aus dem Staub und nimm dich nicht so wichtig!"

Aber der Blinde lässt sich nicht einschüchtern, sondern ruft nur noch lauter: „Jesus, du Sohn Davids, erbarm dich meiner!" Dieser Schrei ist unüberhörbar und dringt in das Ohr des Heilands, der selbst einmal sagte: „Kommet her zu mir alle, die ihr mühselig und beladen seid; ich will euch erquicken." Jesus bleibt stehen, lässt den Mann zu sich führen und fragt ihn: „Was willst du, dass ich dir tun soll?" Aus dem Mund des Blinden will Jesus sein Anliegen selbst hören. „Herr, ich möchte wieder sehend werden!" Und dann geschieht das Unglaubliche. Es sind nur zwei Worte, inhaltsschwer und kräftig: „Sei sehend!" Und zur Bestätigung seiner Aussage fügt er noch hinzu: „Dein Glaube hat dir geholfen."

Ist es da nicht verwunderlich, dass der Bettler es kaum fassen kann, was an ihm geschehen ist? Er kann wieder sehen: die Menschen, die Bäume, die Tiere, die Häuser, den Himmel, die Wolken und Jesus selbst. Unfassbar ist das für den Blinden. Er muss bei Jesus bleiben, will ihm nachfolgen und Gott über dieses einzigartige Wunder loben. Ja, das Volk, das dies Wunder auch wahrgenommen hat, wird in den Jubel und das Gotteslob mit hineingenommen.

Ich musste dabei denken: Manchmal muss man das Augenlicht eingebüßt haben, um diese Heilung recht zu erfassen. So möchte auch ich Jesus treu nachfolgen, ihm danken und voller Glück ausrufen: „Ich kann nun die Wildgänse nicht nur hören, sondern sie auch mit meinen Augen sehen! Das hat Jesus getan!"

Seelsorgerliche Briefe an Gefangene

Frau Hanni Wehner traf ich in Hägelberg, einem kleinen Ort bei Steinen nahe der schweizerischen Grenze. In diesem wunderschönen Seelsorgeheim waren wir zu einer Rüsttagung beieinander. Auf das Thema „Jesus in allen Lebenslagen" hatte ich mich intensiv vorbereitet. Mich freute es auch besonders, dass das Haus sehr gut belegt war. Schon am ersten Abend bat ich alle Teilnehmer in den Andachtssaal zu einer Vorstellungsrunde. Am stärksten beeindruckte mich Frau Hanni Wehner, als sie von ihrer Arbeit an Strafgefangenen berichtete. Sie steht im Briefkontakt mit vielen Inhaftierten, die sonst keine Möglichkeit haben, mit der Außenwelt in Verbindung zu treten. Diese Christin faszinierte mich, und öfter traf ich mich mit ihr auf dem Balkon und sie erzählte mir von ihrer Berufung zu diesem Dienst. Ich lasse hier einen längeren Bericht folgen, den mir Hanni Wehner drei Wochen später nach Marburg schickte. Sie erlaubte mir, diesen Artikel in eines meiner Bücher aufzunehmen. Verfasst wurden diese Zeilen von der Journalistin Karen Bührmann. Ich lasse sie hier erzählen:

Hanni Wehner ist eine praktische Frau. Freundlich empfängt sie uns an der Haustür. Es regnet in

Strömen. Dass wir tropfnass sind, stört sie nicht. Gespannt folgen wir ihr in den ersten Stock und lassen uns im Esszimmer nieder. Auf dem Tisch liegen bereits die Fragebögen, die sie trotz knapper Zeit gewissenhaft und liebevoll ausgefüllt hat. An der Wand hängen selbst gemalte Bilder, im Wohnzimmer grünt und blüht es. Alle Dinge haben ihren Platz – einfach, ordentlich, unkompliziert. Was wir gern trinken wollen, will sie ohne großes Aufheben wissen. Wasser? Kaffee? Sie könne gerne einen aufsetzen. Zurück aus der Küche, ist sie froh, dass wir gleich mit der Fragerei anfangen.

„Etwas scheu macht mich das schon", meint Hanni entschuldigend, obwohl sie an Besuch gewöhnt sei. Seit Jahrzehnten haben sie und ihr Mann Edwin ein offenes Haus. Als Gäste lagen ihnen besonders Kinder sozial benachteiligter Familien am Herzen. In den letzten Jahren waren nacheinander fast 20 Kinder und Jugendliche bei Wehners daheim – über Tage, Wochen oder auch Monate hinweg. „Der Jüngste war drei Monate alt", erinnert sich Hanni, „die Älteste, eine Tramperin aus Hamburg, war dreißig. Unter den vielen Gästen ist ihr besonders die schöne Zeit mit dem kleinen Matthias in Erinnerung: „Matthias kam zu uns, als er gerade sechs Monate alt war, und brauchte viel Zuwendung." Das war ein Segen für die ganze Familie Wehner. Der jüngste Sohn von Hanni war damals elf Jahre alt. Er lernte Eigenständigkeit, weil seine Mutter zwangsläufig weniger Zeit für ihn aufbringen konnte. Im Rückblick schmunzelt sie: „Ich könnte Bücher füllen mit meinen Erinnerungen."

Ob sie nie an den Rand ihrer Kraft gekommen sei, wollen wir wissen. „Doch" – gibt die gelernte Spitalgehilfin unumwunden zu. Eine der Gastfreundschaften hat sie besondere Überwindung gekostet. „Einmal nahmen wir notfallmäßig eine zwanzigjährige Frau mit ihrem acht Monate alten Kind auf, die gerade aus der Psychiatrie kam und nur kurze Zeit bleiben sollte. Die Frau war psychisch schwer krank und mit ihrem Baby total überfordert."

Als die junge Mutter nach eineinhalb Jahren intensiver Betreuung in der Lage war, in eine eigene kleine Wohnung zu ziehen, war die Kraft der robusten Hanni Wehner erschöpft. „Ich habe viel gebetet, und zum Glück haben Gemeindeglieder mich auch bei der Hausarbeit entlastet." Wer bei Wehners zu Gast ist, erhält einen Hausschlüssel. Wir staunen. Hat niemand dieses Vertrauen ausgenutzt und die Familie betrogen? Hanni wehrt energisch ab. „Nein", sie hätte nie schlechte Erfahrungen gemacht. Richard z. B., ein 29-jähriger Drogenabhängiger, sei nach einer Gefängnisstrafe zu ihnen gekommen mit nichts in Händen außer dem, was er auf dem Leib trug. „Leider hielt er es nicht lange bei uns aus", bedauert sie. „Nach einer Woche war er spurlos verschwunden." Mitgenommen habe er nichts. Den Hausschlüssel habe er fein säuberlich auf den Schreibtisch gelegt.

Hanni Wehner ist überzeugt, dass viele dieser Situationen sie für die heutige Tätigkeit vorbereitet haben.

„Die meisten unserer Pflegekinder kamen aus schwierigen Familienverhältnissen, und das ist bei den Gefangenen ebenso. Ich kann daher inhaftierte Menschen besser verstehen." Rückblickend staunt sie, wie Gott sie über Jahre hinweg auf den Dienst an Gefangenen vorbereitet habe. Das Erleben einer eigenen Depression gab ihr Verständnis für die Schwermut vieler Häftlinge. Auch die Hirnstörung ihres Sohnes war kein Zufall. „Manche Häftlinge haben Mühe mit dem Schreiben. Sie kamen bereits im Alter von zwölf Jahren mit Drogen und Alkohol in Kontakt, wodurch ihr Hirn beschädigt wurde. Aber mich stört das überhaupt nicht, weil ich durch meinen schwachen Sohn Geduld lernen konnte."

Wie hat ihr Briefwechsel mit inhaftierten Menschen begonnen? Hanni blättert in ihren Unterlagen und überlegt: „Zum ersten Mal geschrieben habe ich 1987." Ein gläubiger Gefangener hatte in einer christlichen Zeitschrift nach einem Briefpartner gesucht. Sie antwortete ihm. Der erste Briefkontakt entstand. In den nächsten zehn Jahren sollten weitere 46 Kontakte folgen, von denen sie zurzeit elf regelmäßig pflegt. Ihr Korrespondenznetz umfasst heute Häftlinge in der Schweiz, Österreich, Portugal, Ungarn und Deutschland. „Da sind sie alle", sagt sie und legt uns zwei DIN-A4-Seiten vor. Liebevoll hat sie hier sämtliche Namen notiert. Aber es sind mehr als Namen.

Hinter jedem einzelnen steckt ein Stück persönlicher Geschichte mit ihrer Dramatik. Hanni kennt ihre Nöte, kennt einen Teil der Familien und weiß, wer wohin verlegt wurde. Für sie werden die Männer im Gefängnis zu einem Teil ihrer eigenen Familie, sozusagen „Fern-Pflegekinder".

„Viele Gefangene haben noch nie richtige Liebe erlebt", erzählt sie bewegt, „sie sind noch nie bedingungslos angenommen worden." Geduldig und verständnisvoll nimmt sie Anteil an den großen und kleinen Alltagssorgen der Männer, an ihrer Verzweiflung und ihrer Not. Für Hanni ist Briefeschreiben mehr als nur ein Zeitvertreib. „Für mich bedeutet das, andere ein Stück des Wegs zu begleiten und die zweite Meile mitzugehen." Durch den regelmäßigen Briefkontakt lernt sie die Menschen kennen. Sie möchte mit ihnen eine Beziehung aufbauen. Das braucht Zeit. Bis zu 32 Seiten sind die Briefe lang, die sie erhält. Je nachdem, wie groß der Kummer des Absenders ist, kann es zwischen einer und sechs Stunden dauern, um eine Antwort zu verfassen. „Ich erhalte erschütternde Briefe, die ich nicht schnell beantworten kann", erläutert sie, und man spürt, dass ihr die Probleme der Schreibenden ans Herz gehen. „In solchen Situationen wünsche ich mir für einige Tage eine ‚Einzelzelle', um ungestört antworten zu können", seufzt sie.

„Liebe ist auch etwas Praktisches", erläutert Hanni und zeigt uns, wie sie für einen in Portugal inhaftierten Nigerianer Schuhe kaufen geht per Fußabdruck auf einem weißen Stück Papier. „Dieser Mann hat keinen Menschen draußen, der ihm etwas schenkt, und im Winter wird er einen Jogginganzug brauchen, weil es in portugiesischen Gefängnissen keine Heizung gibt." Neben Kleidung, Nahrungsmitteln und geistlicher Kost schickt Hanni Wehner diesem Mann öfter einen kleinen Geldbetrag, damit er überleben kann. „Die hygienischen und sanitären Zustände dort sind katastrophal", empört sie sich, räumt aber ein: „Wenn ich von einer Anschaffung nicht überzeugt bin, schicke ich kein Geld, sondern eine Erklärung, warum nicht."

Hanni Wehner versteckt sich nicht hinter einer Postfachadresse. „Die Inhaftierten sind schon im Gefängnis nur eine Nummer. Wenn sie an ein Postfach schreiben, haben sie Angst, sie kämen wieder an einen anonymen Apparat. Aber wenn meine Privatanschrift auf meinem Briefumschlag steht, dann wissen sie, das ist jetzt persönlich." Von Bekannten wird sie diesbezüglich häufig gefragt, ob sie denn keine Angst habe, dass Gefangene ihr nach der Freilassung einen unwillkommenen Besuch abstatten könnten. Aber Hanni winkt nur ab: „Ich fürchte mich nicht. Außerdem ist mir dies noch nie passiert."

Kennt sie denn keine Angst? „Natürlich", erwidert sie. „Aber Gott hat mir auf eindrückliche Weise deutlich gemacht, dass er mich in jeder Situation beschützen werde. An Pfingsten 1987 begegnete ich einem Selbstmörder." Der siebenundzwanzigjährige Mann hatte sich zuvor unter Einfluss von Drogen und Medikamenten einen Dolch in die Brust stoßen wollen. Im Stillen betend, versuchte sie, den jungen Mann zu beruhigen. Die Zeit, bis er ihr den Dolch übergab, kam ihr vor wie eine Ewigkeit. „In diesen Minuten erlebte ich Gottes Schutz wie noch nie in meinem Leben. Plötzlich wusste ich, der Vers aus Psalm 139 gilt mir: ‚Von allen Seiten umgibst du mich und hältst deine Hand über mir.'" Und wenn sie heute einen Gefängnisbesuch macht, dann hält sie sich an die Verheißung: „Fürchte dich nicht, ich bin mit dir!" So kann sie jedem Menschen, was er auch getan hat, frei begegnen.

Hanni Wehner beschäftigt viel mehr die Angst um die inhaftierten Menschen, denen sie schreibt. „Öfters bange ich um das Leben eines Gefangenen, wenn er sich in einer ausweglosen Lage befindet und die Hoffnung verloren hat. Selbstmord erscheint vielen als der einzige Ausweg. Das sind dann schwere Briefe. Es geht um Leben und Tod. Eine solche Krise kann zum Teil sehr lange dauern."

Gerade dann ist Hanni das gemeinsame Gebet mit ihrer Gebetsgruppe für Gefangene ein großer Trost. „Wir treffen uns einmal im Monat", sagt sie dankbar. „Aber sobald Notfälle eintreten, kann ich die Gruppe jederzeit anrufen." Das nennt sie dann einen sogenannten Feuerwehreinsatz. „Das Gebet ist überhaupt der wichtigste Teil der Arbeit", stellt sie fest. „Ich brauche Gottes Führung und Weisheit, um behutsam zu reagieren und das Richtige zu schreiben."

Auffallend ist, dass Hanni Wehner kaum darüber spricht, wegen welcher Delikte ihre Briefpartner inhaftiert sind. „Für mich ist jeder gefangene Mensch ein Edelstein im Schmutz", erklärt sie. „Wenn er sich durch Jesus Christus verändern lässt, beginnt er zu strahlen." Weil die wenigsten Inhaftierten Antworten auf die grundsätzlichen Lebensfragen haben, regt sie die Männer zum Nachdenken an und gibt anhand der Bibel Antworten auf wichtige Fragen. „Der Strafvollzug selbst löst keine Probleme", stellt Hanni klar, „er ändert den Menschen nicht. Dazu braucht es mehr. Meine Briefpartner sollen von Gottes Vergebung hören, damit sie durch Jesus Christus echte Heilung und Veränderung erfahren können."

Eindrücklich war für Hanni Wehner der Besuch von sieben ungarischen Gefängnissen, von denen das größte fünftausend Insassen hatte. „Um die Gefangenen besser zu verstehen, muss ich die Gefängnisse von innen sehen, muss die Atmosphäre mitbekommen, die Ketten, die Türen, den Geruch, die Hoffnungslosigkeit", sagt sie nachdrücklich und ist dankbar für den guten Kontakt zur Gefährdetenhilfe. „Durch sie wurde ich auf vieles aufmerksam und lernte, wie man sich im Gefängnis verhält. Aber nicht nur das. Ich bekam auch Informationen über den Strafvollzug allgemein, über Schulden, Drogen, Soziologie, Pädagogik, Seelsorge und Rechtskunde." In diesem Zusammenhang hat sie es sich auch zur Angewohnheit gemacht, mit ihren Briefkontakten nicht über andere Inhaftierte zu reden. Das zerstört das Vertrauen. Stattdessen behandelt sie jeden Mann so, als wäre er ihre einzige Sorge. Oft ist ein mehrmonatiger Briefwechsel notwendig, um den anderen kennenzulernen. Das ist ihr nach einigen blauäugigen Erfahrungen deutlich geworden. Sie weiß, dass sie zwischen den Zeilen lesen muss, um auf die wirklichen Probleme der Häftlinge zu stoßen. „Aber Gott hat mir die Gabe geschenkt, aus einem Satz manchmal sehr viel herauszulesen."

Mindestens so wichtig wie die Betreuung der Gefangenen ist für Hanni der Kontakt zu deren Angehörigen. „Die Familie draußen braucht die Hilfe oft nötiger als der Inhaftierte. Die meisten Frauen sind einem Nervenzusammenbruch nahe", hebt sie hervor. Die Gesellschaft und die Medien seien grausam, die Kinder würden in den Schulen gehänselt und verspottet. „Ein Vater von drei Kindern hat eine Strafe von 18 Jahren zu verbüßen. Das sind dann große Probleme, wenn solchen Kindern nachgerufen wird: ‚Ätsch, dein Papa sitzt im Knast!'"

Dass sie selbst eine Familie hat, kommt Hanni Wehner sehr zugute. „Damit sind die Fronten klar und die Häftlinge wissen, dass ich als Frau für sie nicht infrage komme. Ich bin für sie eher eine Ersatzmutter." Das hilft beiden Seiten. Bei unverheirateten und besonders jungen Frauen sieht Hanni Probleme im Kontakt mit Häftlingen. „Männer im Strafvollzug sehen jahrelang wenige bis keine Frauen, und ein Briefwechsel mit einer jungen Frau könnte eine große Versuchung sein", warnt sie. „Ein solcher Kontakt kann eine Abwechslung für einen Mann sein, aber ob die Frau ihm wirklich helfen kann, seine Probleme zu lösen, das ist die Frage." Hanni wünscht sich daher mehr reife Christen, am besten Männer, die in diese Betreuungsarbeit einsteigen.

Sie ist allerdings überzeugt, dass man diese Aufgabe nicht einfach so aus dem Ärmel schütteln kann. „Dass ich mich zu diesem Dienst gemeldet habe, war keine eigene Idee, sondern eine Berufung." Dabei ist ihr ein Vers des Propheten Jesaja wichtig geworden: „Er hat mich gesandt, den Elenden gute Botschaft zu bringen" (Jesaja 61,1). Ihre Haltung und Schilderungen lassen keinen Zweifel daran, dass sie in ihren Erfahrungen mit Gott Abhängigkeit und Vertrauen gelernt hat. Durch tiefe Täler und lange Durststrecken hindurch ist sie zu einer bewährten und standfesten Frau geworden.

„Gott beruft nicht immer die Fähigsten, aber er befähigt die Berufenen" lautet ihr Leitmotiv. Und auf dieser Basis will sie ihren Dienst auch weiterhin tun.

Das Adoptivkind

Voller Erwartungen fahre ich oft in die Freizeitheime, um dort Menschen das Evangelium zu verkündigen. Wie viele Gäste haben sich angemeldet? Werden es gesegnete Tage werden, oder muss ich mit Schwierigkeiten rechnen? Fragen über Fragen beschäftigen mich. So auch an diesem Morgen. Zehn Tage biblischer Verkündigung liegen vor mir. Und gleich in der Vorstellungsrunde sage ich den Teilnehmern: „Ich habe für Sie viel Zeit mitgebracht. Sprechen Sie mich an, wenn Sie mit mir reden möchten, Ihre Probleme bei mir abladen wollen oder ein Gebet wünschen. Ich stehe Ihnen in dieser Woche gerne zur Verfügung." Gleich am nächsten Morgen kommt Frau Schroth auf mich zu. (Die Namen in dem Bericht sind verändert.) „Gern möchte ich mit Ihnen sprechen, Frau Bormuth. Ich schlage mich schon längere Zeit mit einer Frage herum und finde keine Antwort. Wir haben ja unseren Tobias mitgebracht. Er ist jetzt 29 Jahre alt. Sie werden es wahrscheinlich bei der Vorstellung gemerkt haben, dass Tobias geistig behindert ist. Das Reden fällt ihm schwer und er klammert sich immer fest an mich und meinen Mann. Er ist unser Adoptivkind, doch das haben wir ihm noch nicht gesagt. Wir warten immer auf einen günstigen Augenblick, um ihm mitzuteilen, dass wir nicht seine leiblichen Eltern sind. Der Junge war zwei Jahre alt, als er uns vom Jugendamt gebracht wurde. Total vernachlässigt, ja fast ausgehungert und stark in seiner Entwicklung zurückgeblieben, kam er in unsere Familie. Wir haben dieses Kind aufgenommen, als wäre es unser eigener Sohn.

Die ersten Jahre waren besonders für mich als Mutter sehr anstrengend. Das Sprechen hat er erst mit vier Jahren so nach und nach gelernt. Er hing mir ständig am Schürzenzipfel. Nie wollte oder konnte er sich länger mit Lego, Bausteinen oder seinen Autos beschäftigen, die wir für ihn angeschafft hatten. Er fing an, bunte Holzklötze aufeinanderzusetzen, verlor aber bald die Lust, seinen Turm zu Ende zu bauen. Er klammerte sich ständig an mich und wollte, dass ich mit ihm spiele. Vor Fremden hatte er Angst. Er traute sich auch nicht allein auf den Spielplatz. Meist saß er nur an einer Ecke im Gras und schaute den anderen Kindern zu. Ich war voller Sorge um ihn. Gewiss, körperlich ging es ihm bald besser. Baden machte ihm Spaß, und oft spritzte er so sehr mit dem Wasser umher, dass die Fliesen im Bad bald einer Seenlandschaft glichen. Auch das Essen bereitete ihm Vergnügen und ich sah mit Freuden, wie gut es ihm schmeckte. An Gewicht nahm unser kleines, abgemagertes Kerlchen bald zu. Wahrscheinlich hatte er sich bei seiner leiblichen Mutter nicht satt essen können. Bei uns schmeckte ihm alles, besonders das Eis, das es meist an Sonntagen gab.

Mit sieben Jahren kam Tobias in die Schule. Rechnen machte ihm Spaß, aber Lesen und vor allem Diktatschreiben stellte ihn vor große Schwierigkeiten. Ich gab aber nicht auf. Jeden Tag sorgte ich nach den Mahlzeiten für eine Ruhepause, und dann setzte ich mich zu ihm und übte mit ihm das Zusammensetzen der Worte in seiner Fibel. „Oma, Papa, Lotte, Wagen, Auto" waren die ersten Worte, die wir in sein Heft schrieben. Eine Viertelstunde und nicht länger übte ich mit ihm, lobte seinen Fleiß, wenn er sich Mühe gab, und holte ihn immer wieder zu seinen Aufgaben zurück, wenn seine Gedanken abschweiften. Mit meiner intensiven Hilfe hat er immer das nächste Klassenziel erreicht, auch wenn er zu den schwächeren Schülern zählte.

Besonders gern hörte er Musik. Ich kaufte meinem Sohn eine ganze Reihe Kassetten mit christlichen Liedern. Schon bald hörte ich ihn singen: „Sei ein lebend'ger Fisch" oder „Ja, Gott hat alle Kinder lieb". Zu Weihnachten schenkten wir ihm eine Mundharmonika, und es dauerte gar nicht lange, bis er begriffen hatte, wie er darauf die schönsten Melodien zaubern konnte. Musik wurde seine Welt. Mit acht Jahren meldete ich ihn zum Flötenunterricht an. Wir freuten uns, als er zu Ostern das Lied spielen konnte „Alle Vögel sind schon da". Aber eins war uns doch klar, Tobias ist ein geistig behindertes Kind. Auch wenn wir ihn tüchtig förderten, blieb die Frage: Würde er die Hauptschule mit befriedigenden Noten abschließen können?

Es war gut für uns, dass ganz in unserer Nähe eine Behindertenwerkstätte eingerichtet wurde. Mit dem Bus war sie in fünfzehn Minuten zu erreichen. Dort erhielt er nach der Schulentlassung einen Arbeitsplatz. Sehr gewissenhaft geht er seinen Aufgaben nach und muss kleine Radioteile sorgfältig verpacken. Manchmal muss er auch Geschenktüten kleben und sie dann mit Seifenstückchen füllen. Jeden Monat bringt er mit strahlendem Gesicht sein selbst verdientes Geld nach Hause. Es geht unserem Sohn gut, und diese Freizeit hier im Badener Land hat er selbst bezahlt. Das macht ihn stolz und zufrieden. Im Umgang mit ihm kommen wir in der Familie bestens klar. Ab und zu rastet er auch einmal aus, ist aber dann leicht wieder zu besänftigen.

In unserem Ort, an den wir später gezogen sind, weiß niemand, dass Tobias unser Adoptivsohn ist. Immer wieder habe ich einen Anlauf unternommen und wollte ihm erklären, dass er noch eine zweite Mutter habe, die ihn geboren hat. Aber dann machte ich doch einen Rückzieher. Ich wusste nicht, wie ich es ihm hätte sagen sollen, und hatte Angst, dass er die Wahrheit nicht verkraften würde. Für ihn waren wir immer Papa und Mama. Nun sind wir älter geworden, und eigentlich müsste Tobias wissen, wer seine richtigen Eltern sind. Wir haben zwar Vorkehrungen getroffen, dass nach unserem Tod ein Neffe meines Mannes als Betreuer für Tobias einspringt. Es gibt ja für unseren Jungen ein größeres Erbe zu verwalten. Notariell haben wir dies alles schon in die Wege geleitet. Dafür hat mein Mann gesorgt.

Nun meine Frage an Sie, liebe Frau Bormuth: Wie sollen wir handeln? Sollen wir Tobias die Wahrheit über seine Geburt sagen? Wäre es für ihn ein Schock zu erfahren, dass das Jugendamt ihn seinen Eltern entziehen musste und ihn zu uns gebracht hat? Bitte sagen Sie, wie Sie an meiner Stelle handeln würden."

Ich hatte während dieses Gesprächs gut zugehört und mir auch Gedanken darüber gemacht. Aber so plötzlich auf die Schnelle hätte ich keine Antwort gewusst: „Liebe Frau Schroth, wir wollen beide für Tobias beten. Eigentlich hätte man schon viel früher dem Kind die Wahrheit sagen müssen. Aber wie Tobias jetzt reagieren wird, kann ich auch nicht absehen. Gott wird Ihnen schon die rechte Weisheit schenken. Vor allen Dingen freut es mich, dass Ihr Junge ein so schönes Zuhause erhalten hat. In der Bibel gibt es ein Wort, das genau in Ihre Situation passt: ‚Wer ein solches Kind aufnimmt in meinem Namen, der nimmt mich auf.' So hoch würdigt Gott die Liebe, die Sie diesem armen, vernachlässigten Kind entgegengebracht haben. Mit Tobias haben Sie Jesus aufgenommen."

Ich selbst gewann in diesen acht Tagen auch eine herzliche Verbindung zu Tobias. Er wurde mir zu einem treuen Helfer, verteilte die Liederbücher, räumte oft das Geschirr ab und sorgte für einen geordneten Versammlungsraum. Am Schluss der Freizeit bedankte ich mich bei Tobias vor allen Teilnehmern und er strahlte über das ganze Gesicht. Seine Mutter aber drückte mir beim Abschied fest die Hand und über ihre Wangen liefen ein paar Tränen. Sie war so glücklich, dass ich mit ihrem Sohn auch so manch gutes Gespräch hatte führen können und dass er sich in der Freizeit angenommen wusste. Diese Wertschätzung tat Tobias gut, und auch die anderen Freizeitteilnehmer erwiesen ihm viel Gutes. Ein junger Mann hatte ein Modellflugzeug mitgebracht, und Tobias durfte ihn oft begleiten, wenn er sein Flugzeug fliegen ließ. Wie glücklich war dieser Junge!

Trost in schmerzvoller Lage

Nun kann ich gar nicht mehr sagen, wie oft ich in den letzten Tagen und Wochen Psalm 86 gelesen habe. Er ist mir zu einer Quelle geworden, die mir Trost und eine starke Ermutigung zuspricht. Während einer Autorenlesung in Süddeutschland bin ich schwer verunglückt und wurde in eine Klinik eingeliefert. Als ich nach der Operation aus der Narkose erwachte und meiner Sinne wieder mächtig war, griff ich zu meiner Bibel, die auf dem Nachttisch lag. Ich brauchte dringend neue Zuversicht und Stärke, denn ich fühlte mich schwach und elend. Die Schmerzen waren fast unerträglich und ich bin heute noch dem jungen englischen Arzt sehr dankbar, dass er an mein Bett trat und mir ein linderndes Schmerzmittel spritzte. Ich schämte mich auch meiner Tränen nicht, die mir über die Wangen kullerten. Tapfer wollte ich sein und auch als Christ aus meinem Glauben an Jesus Kraft schöpfen, und vermochte es doch nicht. Ich las Psalm 86, und was ich da las, versetzte mich in Erstaunen. Dieser Psalm trägt die Überschrift „Gebet in großer Bedrängnis". Ja, bedrängt war ich und stöhnte oft laut auf. Es ist ein Gebet Davids, der zu Gott ruft und auf Hilfe hofft:

„Herr, neige deine Ohren zu mir und erhöre mich, denn ich bin elend und arm." Hier wurde mir deutlich: Gott kennt mich, und deshalb legt er mir diese Worte in den Mund. Bei meinem Herrn darf ich mich in notvollen Situationen ausheulen, jammern und klagen, und ich tue gut daran, wenn ich bei ihm Hilfe suche. Nur er hat die Macht zu helfen und zu heilen. Während mir das Nass aus den Augen tropfte, wurde ich daran erinnert, dass Gott sogar unsere Tränen zählt. Er weiß auch, dass wir gerade im Älterwerden wenig Durchhaltevermögen aufbringen, und ruft uns deshalb zu: „Ja, ich will euch tragen auf Adlers Flügeln, auch wenn ihr grau werdet." Ich befand mich nun in einer Lage, in der ich total hilflos war. Immer wieder las ich diese rot angestrichenen Verse in meinem Testament. Es war mir zumute, als müssten die dunklen Wolken, die mein Gemüt verdüsterten, allmählich weiterziehen und die Sonnenstrahlen wieder ans Licht befördern. Gewiss weinte ich in der Stauferklinik noch viele Tränen, aber dann berührten weitere Verse aus dem Psalm mein Innerstes:

„Herr, es ist dir keiner gleich unter den Göttern und keiner kann tun, was du tust. ... Du bist groß und tust Wunder, die nur du allein tun kannst." Und als ob dies des Trostes nicht genug wäre, trat am anderen Tag der Krankenhausseelsorger an mein Bett. Ich war überrascht. Er fragte mich, ob ich das Heilige Abendmahl empfangen möchte. Ich nickte, und der Pfarrer stellte ein Kreuz auf den Nachttisch und breitete die Abendmahlsgeräte aus. Dann wollte er wissen, ob er mir ein bestimmtes Wort der Bibel lesen sollte. Ich überlegte nicht lange und nannte ihm Psalm 86. Er möge doch die rot angestrichenen Verse lesen. Er schaute mich liebevoll an und meinte: „O, ich sehe, Sie lieben Gottes Wort." Dann reichte er mir Brot und Wein, und ich begriff aufs Neue: Jesus Christus, der Gottessohn, tritt in mein Leben. Ist er nicht selbst der leidende Gottesknecht, von dem Jesaja sagt: „Fürwahr, er trug unsere Krankheit und lud auf sich unsere Schmerzen."? Gibt es eine größere Zusage als diese Worte in notvoller Lage? Jesus will auch mein Leid und meine Qualen tragen. Dessen wurde ich gewiss. Dann betete der Pfarrer noch mit mir und segnete mich. Er ermutigte mich sogar, meinen Tränen freien Lauf zu lassen, und sagte: „Ihre Situation ist sehr bedrängend. Da dürfen Sie schwach und elend sein. Es wird Ihnen Erleichterung bringen, wenn Sie sich in Ihrer Not ganz in die Arme Gottes fallen lassen. Eigene Stärke ist jetzt nicht möglich, aber die Kraft unseres geliebten Herrn wird auf Sie kommen und wird Sie tragen, wie ein Vater sein Kind trägt."

Genauso erlebte ich diese Zusage. Der Pfarrer hatte recht. Ich gewann Mut und konnte wieder zu Gott rufen.

Mit drei Patientinnen lag ich im Zimmer. Behutsam fragte ich, als es mir besser ging, ob es ihnen recht sei, wenn ich sie in mein Abendgebet einschließen würde. Eine meiner Leidensgenossinnen war sogar dankbar, dass ich sie auf dem Weg in den Operationssaal mit meinen Gebeten begleitete. Sie hatte schreckliche

Angst. Eigentlich wollte sie heute in den Urlaub nach Holland fahren. Aber dann fiel sie beim Heckeschneiden von der Leiter und der Arm war gleich mehrmals gebrochen. Als ihr Bett hinausgefahren wurde, winkte sie mir noch zu.

Jetzt, da ich diese Zeilen schreibe, geht es mir viel besser. Ich warte nun auf völlige Genesung. Meine Bibel auf meinem Nachttisch wird mir täglich zu einer kraftvollen Ermutigung.

Himmlischer Personenschutz

Unser Sohn Daniel hatte seinem Jüngsten die Geschichte vom Schlunz vorgelesen, in der ein Junge von bösen Killern verfolgt wurde. Die Polizei ordnete Personenschutz für ihn an, und so blieb er vor Unheil bewahrt. Diese Erzählung muss Emanuel tief berührt haben. Schon am nächsten Tag kam er zu seinem Vater und sagte: „Papa, heute will ich nicht in den Kindergarten gehen. Ich bleibe zu Hause."

„Aber das geht doch nicht, Emanuel", erwiderte mein Sohn. „Mama muss in einem Konzert in Göttingen Querflöte spielen, und ich habe eine Beerdigung zu halten. Am Nachmittag kommen dann noch die Konfirmanden in den Gemeindesaal. Es ist niemand da, der auf dich aufpassen kann."

„Papa, das ist doch nicht schlimm. Ich brauche keinen Aufpasser. Mir wird schon nichts passieren."

„Das sagst du so dahin. Ich will, dass du in den Kindergarten gehst. Übrigens wartet Tante Annette auch auf dich."

„Papa, ich stehe doch unter himmlischem Personenschutz."

„Wie meinst du denn das?"

„Na ja, der liebe Gott stellt mich unter seinen göttlichen Personenschutz. Ist das nicht klasse? Ich fürchte mich nicht."

Mich hat der Ausspruch meines kleinen Enkels sehr gefreut. Welch großes Vertrauen zu Gott hat er doch. Die Aussage von Psalm 91 bewahrheitete sich: „Wer unter dem Schirm des Höchsten sitzt und unter dem Schatten des Allmächtigen bleibt, der spricht zu dem Herrn: Meine Zuversicht und meine Burg, mein Gott, auf den ich hoffe." Aber das schließt nicht aus, dass wir in rechter Verantwortung mit unseren Kindern umgehen. Emanuel wurde doch in den Kindergarten gebracht.

Ein schwieriger Mensch

Heute Morgen in meiner Stillen Zeit bin ich auf einen Vers gestoßen, der mich sehr nachdenklich gemacht hat. In Markus 3,13-19 werden die Namen der Jünger aufgezählt, die zur Gefolgschaft Jesu während seiner Erdenzeit gehörten. Auch Judas wird genannt, der Betrüger und Mörder. Er hatte Jesus, dem er so viel verdankte, ans Messer geliefert. Wie lange hat Jesus diesen Mann in seiner Nähe ertragen. Ich bewundere den langen Atem, mit dem er diesen Verbrecher in seinem Jüngerkreis geduldet hat. Sicher hatte er dabei das eine Ziel vor Augen, ihn zur Umkehr von seinem verderblichen Tun zu bringen und ihn in die Zahl derer einzuordnen, die als Mitarbeiter Gottes in dieser Welt sein Reich aufbauen sollen.

Auch wir hatten über einen längeren Zeitraum hinweg einen äußerst schwierigen Menschen betreut. Er war kein Totschläger und auch kein Mörder, aber doch hat er mich viel Nervenkraft gekostet. Ich will von ihm berichten. Sein Name wurde geändert.

Draußen zog der Herbst ins Land. Die herabgefallenen Blätter bedeckten Straßen und Gärten. Morgens waren die Autos mit Reif überzogen. Herr Schmitz kam mit seinem Fahrrad und einem Rucksack an unsere Tür: „Haben Sie eine Unterkunft für mich? Ein kleines Zimmer würde mir schon genügen. Nachts im

Wald zu schlafen, ist jetzt zu ungemütlich geworden. Ich habe bei der Diakonie nach einer Unterbringung gefragt. Die Sekretärin hat mir Ihre Adresse gegeben." Auf Anhieb war ich von diesem Menschen nicht begeistert, nachdem ich mich eine Viertelstunde mit ihm unterhalten hatte. Aber nach kurzer Überlegung nahm ich ihn in unser Haus auf. Auch mein Mann war der Ansicht, dass wir diesen Obdachlosen nicht wieder wegschicken könnten. Die ersten Wochen mit ihm waren erträglich. Aber dann entdeckte er wieder seine Marotte, alle Geräte, die im Zimmer standen, zu untersuchen. Er schraubte die Lampe auseinander und führte einen Kurzschluss herbei. So saßen wir im Dunkeln. Diesen Schaden wollte er beheben und schraubte die Steckdosen aus der Wand. Alles wurde nur noch schlimmer. Ich war froh, als mein Mann wieder nach Hause kam und sich der Schäden annahm. In einer Nacht rumpelte und knallte es ganz entsetzlich unter unserem Schlafzimmer. Unser Freund hatte sein Bett auseinandergeschlagen und auf den Flur geschafft. Er meinte, er könne auf dem Fußboden besser schlafen. Das Bett sei zu weich. An einem Morgen fanden wir den Sessel aus seinem Zimmer auf dem Gehweg stehen. Beim Rauchen sei ihm etwas Asche aufs Polster gefallen und habe ein kleines Loch hineingebrannt. Deshalb müsse er das Möbelstück ausrangieren. Irgendwann würde ja sicher mal die Müllabfuhr vorbeikommen. Zum Glück konnten wir unseren Sessel noch retten. Der Schaden war nicht zu schlimm.

Im Sommer sah ich ihn mit dem Gartenschlauch in der Hand. Er bespritzte die Straße, den Bürgersteig und die beiden Autostellplätze vor dem Haus kräftig mit Wasser. Als ich ihn fragte, warum er unser teures Wasser vergeude, meinte er nur, er habe in seinem Zimmer zwei gefährliche Fliegen entdeckt. Sie seien durchs offene Fenster von draußen hereingeflogen, und er wolle sie nun mit dem Sprühregen vertreiben. Seit zwei Monaten hatte es in diesem Jahr nicht mehr geregnet. Das Wasser war knapp geworden und das Sprengen von Rasen und Gartenbeeten war vom Magistrat verboten worden. Unsere Pflanzen welkten dahin und das Gras verdorrte.

Mehrmals hatten wir in dieser Zeit einen Stromausfall. Elektrische Uhren, Fernseher und Computer funktionierten nicht mehr. Als ich ihn zur Rede stellte und ihm erklärte, dass die Basteleien an den elektrischen Leitungen gefährlich seien, wurde er sehr ärgerlich. Er habe ja alles nur verbessern wollen. Dabei wurde er so wütend, dass er im Zorn losschrie: „Ich ziehe zum nächsten Ersten aus dieser Bruchbude bei Ihnen aus!"

„Ich nehme die Kündigung an", erklärte ich ihm.

Dieser letzte Monat mit unserem Mieter war für uns nur schwer zu ertragen. Nachts machte er so viel Krach, dass kein Mensch im Haus schlafen konnte. Er hämmerte, sang laut wie ein Operntenor und schlug die Türen. Oft beschimpfte er mich auch mit hässlichen Worten. Ich kam sehr an meine Grenzen, gab ihm aber keine Widerworte und zählte nur die Tage bis zu seinem Auszug. Dann kam der letzte Augusttag. In einer Nacht-und-Nebel-Aktion fuhr er im Dunkeln – den Rucksack auf dem Buckel – mit seinem Fahrrad davon. Ich atmete tief durch. Die Schlüssel seiner Wohnung aber hatte er mitgenommen. Ein Glück, dass wir einen Zweitschlüssel von seinem Zimmer hatten. Darin herrschte aber blankes Chaos. Alle Schlösser aus den Schränken hatte er losgeschraubt und die Bretter auseinandergenommen. Nur gut, dass mein Mann handwerklich geschickt ist und die meisten Schäden beheben konnte. In der nächsten Nacht konnte ich seit Langem endlich wunderbar durchschlafen. Ich dachte, dass wir nun den Quälgeist los wären. Ich putzte alles gründlich und richtete das Zimmer für den neuen Mieter ein, der in zwei Tagen kommen wollte. Aber zwei Tage später stand unser „Freund" wieder vor der Tür und ging schnurstracks ins Untergeschoss. All mein Reden, dass nun ein neuer Mieter hier einziehen würde, nützte nichts. Noch habe er keine neue Bleibe gefunden, und einen Obdachlosen könne man nicht einfach auf die Straße setzen. Er war nicht dazu zu bewegen, unser Haus wieder zu verlassen. In meiner Not wandte ich mich an die Diakonie; denn sie hatte ihn ja zu mir geschickt. So gelang es nach langem Hin und Her, ihn zum Fortgehen zu bewegen.

Als bei uns wieder Ruhe eingekehrt war, bewegten mich viele Gedanken. Warum hat es solch einen Aufstand bei uns geben müssen? Warum hat sich Herr Schmitz so ungehörig bei uns benommen? Lag es an seiner seelischen, krankhaften Verfassung? Warum lähmt mich Gott durch so viele Auseinandersetzungen? Ich möchte doch gerne im Frieden leben und mich nicht von solch hässlichen Worten und schändlichen Taten bedrohen lassen. Auch wenn ich mir bewusst machte, dass Herr Schmitz seiner Sinne nicht immer mächtig war, fühlte ich mich verletzt, ja, ich hatte sogar Angst vor ihm. Zur Ruhe fand ich erst wieder, als ich von Judas las, der sich in die Reihe der Jünger eingeschlichen hatte. Und Jesus ertrug ihn, weil er das Ziel verfolgte, diesen Jünger zum Besseren zu bekehren. Jesu Liebe ließ keine Ausgrenzung zu. Seine Hingabe an uns Menschen gab ihm Durchhaltevermögen und ließ ihn Schlimmstes ertragen.

Ein Wort in der Bibel sagt uns: „Der Jünger steht nicht über seinem Meister." Dadurch zeigte mir Gott, dass ich mich nicht so wichtig nehmen muss, sondern auch lerne, Schmähungen und Bedrohungen zu ertragen und dabei doch barmherzig zu bleiben. Da ja die Wohnung von Herrn Schmitz selbst gekündigt worden war, hatte ich nach einem neuen Mieter Ausschau gehalten und auch einen gefunden. Ich überlegte hin und her. Dann erklärte ich mich bereit, für Herrn Schmitz die nächsten Tage in der Jugendherberge eine Bleibe zu buchen und auch die Kosten dafür zu übernehmen. Auf die Straße wollte ich ihn nicht setzen.

Er zog dann in eine andere Stadt, kam aber öfter bei

uns vorbei, setzte sich in den Garten und trank dann eine Tasse Kaffee oder Tee, die ich ihm anbot.

Ich schreibe diese Zeilen, nachdem die Konflikte mit Herrn Schmitz beendet waren. Als ich mitten in den Auseinandersetzungen mit ihm stand, hätte ich ihm manchmal die Krätze an den Hals gewünscht. Ich habe viel Zeit gebraucht, bis ich mit unserem Mieter ausgesöhnt war, wahrscheinlich zu viel Zeit. Aber am Ende der Begegnung wurde alles gut und ich konnte ihn im Namen Jesu segnen. Jesus hat Judas unendlich geliebt, ihn an seinen Tisch geladen und sogar mit ihm das Mahl gefeiert. Von meinem Herrn will ich noch viel lernen.

Die Macht des Gebets

Eines Tages klingelte unvermutet das Telefon. Eine weibliche Stimme meldete sich:

„Darf ich Sie um ein Gebet bitten? Mein Name ist Andrea Sanders (der Name wurde verändert). Ich bin nun schon mehr als sechs Jahre krank und muss oft das Bett hüten. Während meine Freundinnen eine Berufsausbildung abschließen konnten oder Reisen in ferne Länder machten, lag ich wochenlang im Krankenhaus. Besonders anfechtungsreich waren die Tage, an denen ich erfuhr, dass sich wieder eine Klassenkameradin verlobt oder geheiratet hatte, während es um mich herum immer einsamer wurde. Oft habe ich nachts meine Kissen auf die andere Seite drehen müssen, weil sie von meinen Tränen ganz durchnässt waren." Andrea nannte mir auch den Namen ihrer Erkrankung, aber ich hatte diesen lateinischen Ausdruck noch nie gehört. Ich schlug der jungen Frau – sie war 29 Jahre alt – vor, mit ihr am Telefon zu beten und mir ihren Namen in meine Gebetsliste zu notieren. Es war kein langes, aber ein sehr intensives Gespräch, und dann legte ich den Hörer auf.

Vierzehn Tage mochten vergangen sein, da landete ein Brief in meinem Postkasten. Er begann mit dem Spruch aus Jakobus 5,16: „Des Gerechten Gebet vermag viel, wenn es ernstlich ist." Dann las ich: „Liebe

Frau Bormuth, vielen Dank für Ihr segensreiches Gebet vom 17.2.2011 mit sofortiger Wirkung. Wenn Sie an diesem Beten für mich weiter festhalten könnten, wäre ich Ihnen sehr dankbar. Meine Lage ist wirklich notvoll, und ich bedarf dringend der Hilfe.

In Jesus, unserem Herrn und Heiland, verbunden grüßt Sie Ihre Andrea Sanders."

Außer einer Spruchkarte flatterten noch 15 Euro aus dem Umschlag. Ich möge doch bitte dieses Geld im Reich Gottes verwenden, da sie ja wüsste, in wie vielen Aufgaben ich engagiert sei. Das Geld wanderte gleich weiter an das Marburger Bibelseminar, das bei den über 200 Studierenden knapp bei Kasse ist. An Andrea schickte ich ein Buch aus eigener Feder. Kranken und Einsamen eine Freude zu bereiten, ist Jesu Auftrag an mich. Auch ein Foto von dieser jungen Frau lag dem Brief bei. Es wird mir helfen, sie nicht zu vergessen.

Ein später Anruf

Es war schon fast 23 Uhr, als das Telefon bei mir klingelte: „Liebe Frau Bormuth, Sie kennen mich nicht, ich aber verfolge Ihre Lebensführung über Ihre Bücher, von denen ich schon eine ganze Reihe in meinem Regal stehen habe. Oft verleihe ich sie auch an andere und bin nie traurig, wenn sie mir nicht mehr zurückgegeben werden; denn dann weiß ich, dass Ihre so wertvollen Bücher von Hand zu Hand wandern. Ich beziehe eine sehr gute Rente und kann mir den Luxus leisten, immer wieder neue Lektüre zu bestellen. 87 Jahre bin ich alt, und mein Augenlicht ist total gut. Ich kann noch ohne Brille lesen. Zum Essen brauche ich nicht viel: morgens eine Schnitte Brot mit Marmelade und abends ein Käsebrot. Die Zeit, da ich Reisen unternahm, ist nun schon lange vorbei. So versuche ich, meine Gemeinde finanziell kräftig zu unterstützen. Verschiedenen Werken wie z. B. dem Evangeliumsrundfunk lasse ich monatlich eine Gabe zukommen. Aber jetzt will ich aufhören, noch mehr von mir zu erzählen. Sie wollen sicher auch bald zu Bett gehen. Darf ich Ihnen noch von Herzen für Ihre interessanten Bücher danken. Hoffentlich haben Sie wieder ein neues geschrieben. Das würde mich freuen. Ich nenne Ihnen noch meine Adresse. Vielleicht können wir ja in Kontakt bleiben."

Ich hatte Mühe, den Namen des Ortes aufzuschreiben, denn das Telefonat kam aus Ostfriesland. Von Südbrookmerland hatte ich noch nie gehört. 14 Tage nach diesem fast mitternächtlichen Gespräch traf ein Brief bei mir ein. Als Erstes flatterte ein 20-Euro-Schein heraus. Ich las die Bildkarte, die mich mahnte: „Herzliche Grüße kommen aus Guthwerdum. Bislang traf noch kein Buch bei mir ein. Danke für alle andern, die ich lesen durfte. Ihre Theda Gronefeld." Über diesen Gruß habe ich ein wenig geschmunzelt, denn so schnell kann ich kein neues Buch schreiben. Aber meine Freude war doch groß, dass die alte Dame solches Interesse an meiner literarischen Arbeit zeigte. Später schickte ich ihr dann das Buch „Für den Himmel geboren". Das ist doch ein wunderbarer Titel für meine Leserin mit ihren 87 Jahren. Aber sind wir nicht alle für den Himmel geboren? Das ist meine tägliche Freude; denn das Schönste kommt noch, wenn wir in der Gemeinschaft mit Christus leben.

Ein reiches Leben

Es ist ein reiches Leben, das mir geschenkt wurde, und ich darf fröhlich in der Verbindung mit meinem Herrn Christus stehen. Jesus ist der beste Freund an meiner Seite. Er verlässt mich nie, ganz gleich, wie mich mein Dasein rüttelt und schüttelt. Das ist mein Glück. Seine Arme sind stark und wanken nicht. Gewiss, Jesus ist nicht sichtbar für mich, aber er begegnet mir im Wort der Bibel und in den alltäglichen Führungen. Zum ersten Mal ist er mir ganz nahe gekommen, als ich mich ihm zuwandte und bereit wurde, mein Leben ihm anzuvertrauen. Da hat er mir seine Hand auf die Schulter gelegt und mir gesagt: „Du bist mir sehr wertvoll und du sollst in meine Nachfolge treten."

Dabei ist es mir ein Riesengeschenk, dass ich auch andere Menschen ins Boot Jesu Christi hineinnehmen darf. Dies ist überhaupt mein dringlichster Wunsch und mein Bestreben.

Immer wenn ich zu einem Verkündigungsdienst gerufen werde, bereite ich mich gründlich darauf vor und bete, dass meine Zuhörer auch dieses Glück erfahren, in Jesus geborgen zu sein. Ich bin mir aber bewusst, dass das allein Gottes Wirken und sein Bemühen ist. Ich bin nur Jesu Handlanger. Hat er es mir nicht zugesagt, dass sein Wort nicht leer zurückkommt? Darauf stütze ich mich.

Mir ist es wichtig, dass ich lernen muss, in meinem Leben vieles loszulassen. Dazu hatte ich schon früh Gelegenheit, und es ist mir zunächst nicht schwergefallen. Ich war ein kleines Mädchen von fast sieben Jahren, als ich meine Heimat loslassen musste. In Bessarabien, dem wunderschönen Land am Schwarzen Meer, bin ich geboren. Obwohl ich in einer herrlichen Kinderzeit wohlbehütet und liebevoll umsorgt wurde, freute ich mich doch auf all das Neue, das auf mich zukam. „Heim ins Reich!" hieß damals die Parole. Hitler hatte 1939 mit Stalin einen Pakt geschlossen. Die deutsche Bevölkerung Bessarabiens sollte nach Deutschland übersiedelt werden. Fast alle Bessarabiendeutschen stimmten der Umsiedlung zu, da ihnen sonst das Schicksal der Russlanddeutschen jenseits des Dnjester drohte, nämlich Enteignung, Verfolgung und Deportation bis nach Sibirien. In einem langen Treck mit Pferden und Wagen fuhren wir im Oktober 1940 bis zur nächsten Bahnstation und wurden dann nach einer längeren Bahnfahrt im Hafen Galatz auf ein Schiff verfrachtet. Donauaufwärts ging die Reise.

Aber es gab für uns noch einen großen Schrecken. Plötzlich vermissten wir unsere Großmutter. In einem Waschkorb trug sie ihren jüngsten Enkel, der gerade erst wenige Wochen alt war, unter ihren Armen. In dem Gewühl der Menschen auf dem Schiff hatten wir sie aus den Augen verloren und keiner wusste, wo sie verblieben war. Die Aufregung war groß. Wir suchten sie überall auf dem Schiff, konnten sie aber nicht entdecken. Schließlich stellten wir uns die Frage, ob sie denn überhaupt auf das Schiff gelangt sei oder wegen Überfüllung zurückgelassen worden wäre. Unsere Angst wuchs. Mein Vater meldete dem Kapitän den Verlust seiner Mutter. Dieser veranlasste sofort folgende Durchsage: „Gesucht wird Frau Rosine Hannemann. Die ältere Frau trägt einen Waschkorb mit einem Kleinkind darin. Bitte melden Sie sich, wenn Sie gesehen haben, wo Frau Rosine Hannemann verblieben ist."

Kurz drauf kam ganz aufgeregt eine Krankenschwester zu meinem Vater und sagte: „Herr Hannemann, Ihre Mutter habe ich mit dem Baby wegen der Fülle der Menschen in ein besseres Quartier gebracht. Sie können sie in einem unserer Behandlungszimmer finden. Beiden geht es gut." Über diese Nachricht waren wir alle erleichtert.

Für mich wurde diese Donaufahrt ein interessantes Abenteuer. Ich war begeistert, als wir durch das Eiserne Tor fuhren, und erinnere mich sehr genau, wie eine Durchsage uns befahl, dass wir uns wieder auf unsere Plätze begeben sollten. Fast alle Reisenden waren auf eine Seite des Schiffes gelaufen, um diese Sehenswürdigkeit besser wahrnehmen zu können. So geriet das Schiff in eine Schräglage, richtete sich aber wieder auf, als jeder in seine Kabine zurückging. Trotz allem, was ich als Kind an Interessantem erlebte, muss ich doch bedenken, dass der Abschied von der Heimat vor allen Dingen für die Erwachsenen ein herber Einbruch in ihr Leben darstellte. Dies ist mir aber erst viel später bewusst geworden.

Ergreifend waren die letzten Feiern in den Kirchen und auf den Friedhöfen. Anschließend an die Predigten ließen sich die Familien vor den Gräbern der Angehörigen fotografieren. Auf ihren Gesichtern waren das Weh und die unsagbare Traurigkeit zu lesen, niemals mehr diese Gedenkstätten aufsuchen zu können. Die Bessarabiendeutschen waren innig mit ihrem Land verbunden. Es war doch ihre Heimat, und sie mussten alles zurücklassen, was sie sich in mühevoller Arbeit aufgebaut hatten. Über 93 000 Menschen verließen damals ihr Land.

Meine zunächst große Abenteuerlust verschwand sehr bald, als wir in Mährisch Ostrau im Sudetengau landeten. In riesigen Fabriksälen wurden wir untergebracht. Stockbetten waren nun unsere Bleibe. Es herrschte eine entsetzliche Enge. Es müssen wohl mehr als 200 Menschen in einem Raum untergebracht worden sein: Männlein wie Weiblein. Keiner durfte das Lager verlassen, denn wir waren in Quarantäne und sollten eingedeutscht werden. Die größte Not bereitete uns die karge Versorgung. Nachts hörte man die Kinder weinen und rufen: „Mutter, ich will Brot."

Auch ich war unterernährt und konnte mich nicht mehr auf den Beinen halten. So wurde ich von einer Schwester entdeckt und in ein Krankenhaus eingeliefert, wo es mir bald besser ging. Als ich nach etwa drei Wochen aufgepäppelt war, sagte der Arzt bei der

Visite zur Krankenschwester: „Lottchen können wir morgen wieder entlassen. Es geht ihr gut." Ich schaute den Doktor mit großen Augen an und meinte: „Kann ich nicht doch noch etwas bleiben, Herr Doktor? Hier ist es so schön. Ich kann mich richtig satt essen, und alles schmeckt so wunderbar." Da zwinkerte der Arzt der Schwester zu und meinte: „Dann bleibt die Kleine eben noch ein paar Tage länger."

Seit diesem frohen Erleben gehe ich immer gern ins Krankenhaus. Nach etwa anderthalb Jahren im Lager wurden wir im Raum Posen neu angesiedelt. Doch diese Zeit dauerte nur kurz. Nach etwa dreieinhalb Jahren galt es wieder, unser Zuhause zu verlassen. Die russische Front war im Anmarsch auf Polen und wir mussten schnellsten aufbrechen. In meinem Buch „Und doch lacht mir die Sonne" habe ich ausführlich über die Flucht und ihre schrecklichen Ereignisse berichtet.

Aber das Loslassen begleitete mich mein ganzes Leben hindurch. Ich musste lernen, meine Kinder loszulassen. So fiel es mir z. B. nicht leicht, als ich unseren Jüngsten, der nie in einem Kindergarten gewesen war, an seinem ersten Schultag fremden Menschen anvertrauen musste. Daniel selbst war auch ängstlich und meinte: „Mama, ich will immer bei dir bleiben. Ich will nicht in die Schule gehen. Du schaffst doch ohne mich nie und nimmer zu Hause deine Arbeit." Was meinem Sohn geholfen hat, war das Gebet. Bevor wir uns beide auf den Schulweg begaben, legte ich ihm meine Hand auf sein Köpfchen und betete: „Der Herr Jesus segne und behüte dich. Er lasse sein Angesicht freundlich über dir leuchten und sei dir gnädig." Und dann marschierten wir los. Das Gebet hat meinem Jüngsten die Furcht genommen. Fortan ging er gerne in die Schule. Er hatte in Frau Schulz auch eine ausgezeichnete Lehrerin.

Einmal musste mich meine Mutter in der Familie vertreten. Der kleine Kerl druckste am Morgen im Haus herum und wollte sich nicht auf den Weg zur Schule machen. Draußen riefen seine Kameraden: „Daniel, beeil dich, wir kommen sonst noch zu spät!" Auch meine Mutter drängte ihn. „Hier, nimm deinen Schulranzen und deinen Turnbeutel und dann lauf los." Da nahm der kleine Kerl die Hand meiner Mutter, legte sie auf sein Köpfchen und sagte: „Oma, erst beten, dann gehe ich." Meine Mutter war sehr bewegt.

Loslassen habe ich auch bei meiner großen Tochter erlebt. Sie hat Englisch, Mathematik und Pädagogik studiert und ihr Examen mit sehr guten Noten bestanden. Ich war wohl die glücklichste Mutter der Welt, als ich ihr Zeugnis in Händen hielt, und sagte mir: Endlich ist das erste meiner großen Kinderschar mit dem Studium fertig geworden und kann auf eigenen Füßen stehen. Aber dann erklärte mir Anne-Ruth: „Mutti, ich will für ein Praktikum in die Mission nach Kolumbien gehen und dort die Arbeit der Wycliff Bibelübersetzer unterstützen." Diese Entscheidung passte mir überhaupt nicht. Ich weiß zwar, dass wir uns für die Ausbreitung des Reiches Gottes einsetzen müssen, aber sollte ich meine einzige Tochter in den Urwald Kolumbiens gehen lassen, wo Drogenhändler ihr verderbliches Wesen treiben? Erst kürzlich hatte ich in einem Missionsblatt gelesen, dass zwei Missionare ermordet worden waren und zudem noch ein Missionsflugzeug abgestürzt war. Diese Nachrichten hatten mich in Angst versetzt und raubten mir den Nachtschlaf. Sollte ich Anne-Ruth ziehen lassen? Ich war hin- und hergerissen.

So schrieb ich an Herrn Pfarrer Grünzweig, den ich in seiner Verkündigung des Evangeliums sehr schätzte, und bat ihn um einen seelsorgerlichen Rat. Die Antwort kam prompt nur wenige Tage später. „Frau Bormuth, Sie sollten Gott dankbar sein, dass Ihre Tochter Jesus kennt und ihm dienen will. Lassen Sie Anne-Ruth ziehen und begleiten Sie sie mit Ihren Gebeten."

Nun war mir der Weg gewiesen, wie ich handeln sollte, und wir brachten unsere Tochter an den Flughafen. So konnte sie eine Missionarin unterstützen, die das Markusevangelium in die Sprache eines Indianerstamms übersetzte. Nach dem Praktikum kehrte sie wieder zurück. Sie hatte Dr. Klaus Meiß schon im Studium kennengelernt, und nun heirateten sie. Ihr Mann ist inzwischen Direktor des Marburger Bildungs- und Studienzentrums und bildet Missionare, Katecheten und Erzieher mit einem großen Lehrerstab aus. Anne-Ruth unterrichtet Mathematik an diesem

Seminar; denn hier ist es möglich, auch das Abitur zu machen. So kann sie als Mutter von vier erwachsenen Kindern in der Heimat Gott dienen. Außerdem ist sie noch Programmdirektorin des christlichen Francke-Verlags und damit auch meine Chefin, eine strenge dazu. Manchmal gibt sie mir ein Manuskript zurück mit den Worten: „Mutti, du musst deine Arbeit noch einmal schreiben. So, wie du das Buch jetzt verfasst hast, kann ich es nicht veröffentlichen." Ich verstehe ihre energische Art, denn es ist eine ungeheure Herausforderung, christliche Bücher auf den Markt zu bringen, und ich folge ihren Anweisungen.

Nun bin ich älter geworden und mein Terminplan ist nicht mehr so voll wie in früheren Jahren. Meine Arbeit hat sich etwas verlagert. Ich bin mehr im Seniorenbereich tätig und vor allen Dingen halte ich mit meinem Mann zusammen in verschiedenen christlichen Heimen Freizeiten. In Reudnitz in der Nähe von Greiz in Thüringen war ich schon weit über zwanzig Mal zum Dienst. Ich freue mich immer, wenn die Betten in den Häusern alle belegt sind.

Besonders beeindruckt bin ich, wenn mir die Christen im Erzgebirge und im Vogtland ihre Erfahrungen aus der Zeit der DDR mitteilen. Ich kann nur staunen, wie Gott dieses wunderschöne Fleckchen Erde gesegnet hat. Es gibt dort viele Gläubige in Kirchen, Freikirchen und Gemeinschaften. Unter dem DDR-Regime wurden sie oft angefeindet und mussten schwere Anfechtungen ertragen. In einem Buch schrieb z. B. Eberhard Heise über seine blühende Arbeit in dem Bezirk Marienberg. Gott füllte die Kirche mit weit über tausend jungen Menschen. Das war der Stasi natürlich ein Dorn im Auge. An Eberhard Heise selbst trauten sie sich nicht heran, um ihn aus der so segensreichen Arbeit zu entfernen und ihn zu verhaften. Das hätte einen zu großen Aufruhr bei der Jugend heraufbeschworen. So versuchten sie, sich an zwei seiner erwachsenen Kinder zu rächen. Wegen geringfügiger Vergehen wurden der Sohn und die Tochter zu längeren Gefängnisstrafen verurteilt.

Ausführlich habe ich darüber in meinem Buch „Für den Himmel geboren" berichtet. Die Eltern waren zutiefst verletzt, als ihre Kinder ins Gefängnis kamen. Eberhard Heise geriet in solch große Anfechtungen, dass er meinte, den Dienst für Gott nicht länger ausführen zu können. Es waren die vielen Gebete der Christen, die ihm halfen, die Hand nicht vom Pflug zu nehmen, sondern weiter Gottes Bote im Osten des Erzgebirges zu sein.

Das geistliche Leben im Erzgebirge und Vogtland ist bewundernswert. Einmal war ich in Neudorf eingeladen, das in der Nähe der tschechischen Grenze liegt. Eine mächtige Kirche versetzte mich ins Staunen. Dabei hat das Dorf nur etwa 1200 Einwohner. Wie würde der Gottesdienstbesuch sein? Es ist schwer, wenn der Verkündiger vor fast leeren Kirchenbänken predigen muss. Aber der Küster beruhigte mich, als ich meine Bedenken äußerte. „Bei uns im Ort kann man die Menschen zählen, die nicht ins Gotteshaus kommen." Und so war es dann auch. Die Kirche füllte sich mit etwa 350 Besuchern. Die Kurrende und ein gemischter Chor gestalteten den Gottesdienst sehr feierlich. Da ich erst kurz zuvor eine neue Hüfte bekommen hatte, musste ich noch an Krücken gehen. Um mir die vielen Stufen bis zur Kanzel zu ersparen, hatte der Küster im Altarraum ein Gerüst für mich aufgebaut. Beim Lied vor der Predigt packten mich der Küster und der Pfarrer an den Armen und hievten mich auf das Gerüst. So konnte ich die Menschen besser im Blickfeld behalten. Mir war das natürlich peinlich, von zwei kräftigen Männern auf das Podest gehoben zu werden, und ich hoffte nur, dass dies nicht allzu viele Besucher wahrgenommen hatten. Ich bin doch noch sehr eitel.

Es wurde ein wunderschöner Gottesdienst, und ich schaute in aufmerksame Gesichter. Vor allen Dingen erfreuten mich die geistlichen Lieder. Gerne habe ich dem Kantor und den Sängerinnen und Sängern meinen Dank ausgesprochen. Am Schluss forderte mich der Küster auf: „Frau Bormuth, unsere Gottesdienstbesucher wissen, dass Sie Autorin sind. Sie haben doch sicher Bücher mitgebracht. Zwei Tische habe ich Ihnen aufgestellt. Können Sie Ihre Schriften holen?" Mein Mann brachte dann einen kleinen Karton mit den Neuerscheinungen herein. „Wir brauchen mehr. Ich werde jetzt mit ans Auto gehen. Sie sehen doch, wie lang die Schlange vor dem Büchertisch ist", schlug der Küster vor. Von dem Andrang war ich total überrascht. Manche nahmen gleich drei oder vier Bücher mit nach Hause.

Zum Schluss trat noch ein Mann auf mich zu. Er ging wie ich an Gehhilfen. „Na, hatten Sie einen Unfall?", fragte ich ihn. „Ja, ein Autofahrer hat mich an der rechten Seite gerammt, als ich gerade ein Schaf in den Anhänger heben wollte. Nun hatte ich das Malheur und musste längere Zeit in der Klinik liegen. Aber ich hoffe, bald wieder ohne Krücken laufen zu können. Frau Bormuth, könnte ich eine größere Anzahl von Büchern bei Ihnen erwerben?" „Ja, natürlich, wie viele wollen Sie denn?"

„Fünf Exemplare."

„Na dann suchen Sie sie aus."

„Sie verstehen mich nicht. Ich möchte von jedem Ihrer Bücher fünf haben."

Ich schaute den Mann an und dachte mir: Weiß dieser Schäfer überhaupt, wie viele Bücher ich geschrieben habe? Gewiss, einige gibt es nicht im Buchhandel. Sie sind ausverkauft und noch nicht wieder neu aufgelegt worden. Noch einmal hakte ich nach: „Stimmt es, dass Sie von jedem Buch, das ich mitgebracht habe, fünf Exemplare haben wollen?"

„Ja, so habe ich es doch gesagt."

Ich begann 75 Bücher in einen Karton zu packen. Ich war beunruhigt. Weiß denn dieser Mann, was die Bücher kosten werden? Und was will ein Schäfer mit so vielen Exemplaren?

Erst viel später erfuhr ich, dass dieser Gottesdienstbesucher aus dem Raum Dresden selbst Pfarrer war und zu Weihnachten in seinen fünf Gemeinden einen Büchertisch aufstellte. Ich machte hier in Neudorf das beste Geschäft für Francke und musste sofort neue Bücher telefonisch vom Verlag bestellen. Darüber hat sich auch Anne-Ruth mächtig gefreut.

Das Gespräch mit dem lieben Gott

Wir sind eine große Familie, und mit 15 Enkeln herrscht oft viel Trubel in unserem Haus. Aber manchmal werde ich auch von notvollen Anrufen bedrängt. Unser fünfjähriger Emanuel leidet nun schon seit mehreren Monaten unter heftigen Fieberschüben. Mindestens einmal in vier Wochen steigt das Thermometer auf über 39 Grad. Kein Arzt konnte bisher feststellen, woher das Fieber kommt. Mit Medikamenten wird der kleine Kerl behandelt, und nach zwei bis drei Tagen geht es ihm wieder besser. Natürlich bin ich über den Gesundheitszustand des Kleinen bekümmert und rate den Eltern, die Universitätsklinik aufzusuchen. Wir kennen den Oberarzt der Hals-Nasen-Ohren-Klinik hier in Marburg, und so wird ein Termin für eine Untersuchung ausgehandelt. Es ist auch höchste Zeit, dass der Grund für das wiederkehrende Fieber herausgefunden wird. Nachts kann Emanuel oft nicht schlafen und sieht dann am Tag müde, blass und elend aus.

In einer Nacht merkt unser Sohn, dass sich der Junge wieder unruhig in den Kissen hin und her wälzt. Er steht auf und setzt sich an das Bett des Fünfjährigen. „Na, Emanuel, kannst du wieder nicht schlafen?"

„Ach Papa, das ist nicht so schlimm."

„Und was tust du so, wenn dich das Fieber quält?"

„Papa, dann unterhalte ich mich mit dem lieben Gott."

„Und was sagst du ihm?"

„Ich erzähle ihm, dass ich mich freue; denn er hat mich doch sehr, sehr lieb. Ich danke ihm, dass er Jesus zu uns geschickt hat. Er ist jetzt mein bester Freund. Und dann bin ich auch glücklich, dass er mir einen guten Schlaftrunk geben wird." Unter Schlaftrunk versteht er die Narkose; denn Emanuel soll in den nächsten Tagen operiert werden. So wird dem Kind die Angst vor der Klinik genommen.

Drei Tage später wird er dann nach Marburg in das Krankenhaus eingeliefert; denn die Mandeln müssen entfernt werden. Alles geht ohne Komplikationen vonstatten. Er ist auch das einzige Kind auf der Station und wird zum Star. Die Schwestern verwöhnen ihn. Öfter ruft auch der Portier durch den Lautsprecher: „Emanuel Bormuth, für dich ist ein Päckchen angekommen. Du kannst es dir an der Pforte abholen." Auch viele Briefe erreichen unseren Enkel. Darüber ist seine Freude groß. Viele Besucher bevölkern sein Zimmer. Jeden Tag stehen Onkel und Tanten, Cousins und Cousinen vor seinem Bett. Sein Vater teilt sich das Zimmer mit ihm, sodass es dem Jungen sehr gut geht und er keine Angst hat.

An einem Tag fragt der kleine Kerl seinen Papa: „Sag mal, kommt denn die Oma Lotte nicht auch zu mir?"

„Emanuel, der Oma geht es nicht so gut. Sie ist auch krank. Aber vielleicht kommt sie übermorgen zu dir und besucht dich."

„Na ja, das ist gut so. Dann soll sie übermorgen kommen, wenn sie dann noch lebt."

Natürlich habe ich darüber schmunzeln müssen. Drei Tage später schließe ich meinen kleinen Liebling in die Arme. Alles hat er bestens überstanden, und der Schlaftrunk war wirklich hervorragend.

Ein Hammel im Kampf um das Evangelium

Gleich nach Weihnachten beginne ich, mich in meine neuen Bücher zu vertiefen. Jedes meiner Kinder schenkt mir zum Christfest und zum Geburtstag, der gleich danach folgt, ein Buch. So liegen meist mehr als zehn neue Bücher auf meinem Regal. Begonnen habe ich mit der Darstellung der pommerschen Lebenswelt, in die vor allen Dingen das Adelsgeschlecht derer von Thadden und Trieglaff verwickelt war. Einer aus diesem Geschlecht ist 1949 bekannt geworden als der Gründer des Evangelischen Kirchentags: Reinold von Thadden-Trieglaff.

Adolph von Thadden-Trieglaff, sein Großvater, hatte zu Beginn des 19. Jahrhunderts das Wunder der Erweckung in Pommern erlebt. Er war selbst zum lebendigen Glauben an Christus gekommen, und von da an lag es ihm am Herzen, seine Untergebenen in dem Ort Trieglaff ins Boot Jesu zu holen. So richtete er im Herrenhaus seines großen Rittergutes und später in seinem Schloss Abende ein, bei denen Andachten gehalten wurden. Das war dem mehr rationalistisch ausgerichteten Ortspfarrer ein Dorn im Auge. In seiner Pfarrei wollte er keine Pietisten dulden. Konventikel in seiner Kirchengemeinde waren ihm ein Gräuel.

Jede Verkündigung des Evangeliums gehörte für ihn in den Raum der Kirche und nicht in die Privatwohnungen, auch wenn diese dem Grafen gehörten. So waren ihm Hausandachten und Gebetsstunden im Schloss zuwider.

Der Konflikt zwischen dem Pfarrer und Adolph von Thadden spitzte sich zu, als der Graf seinen erstgeborenen Sohn von einem pietistischen Pfarrer taufen lassen wollte und dafür um eine Ausnahmeregelung ersuchte. Diese wurde dem Gutsherrn nur widerwillig gewährt und der Ortspfarrer reichte beim Konsistorium in Stettin eine Beschwerde ein. Daraufhin wurde der Prediger verwarnt. Die Zuständigkeit der Parochialgemeinde sei zu respektieren.

Nicht lange danach ergab sich ein neuer Konflikt durch den Trieglaffer Schäfer, der ebenfalls sein erstes Kind nicht von einem modernistischen Pfarrer getauft haben wollte. Der Geistliche des Ortes verweigerte diesmal die Genehmigung und warf den Schäfer aus dem Pfarrhaus hinaus. Dieser Fall erregte im Dorf großes Aufsehen. Bis weit über Trieglaff hinaus ereiferten sich die Menschen. Es hatte sogar zur Folge, dass einige Familien auch aus diesem Grund nach Amerika auswanderten, wo ihnen größere Religionsfreiheiten gewährt wurden. So hatte das Begehren des Schäfers, sein erstes Kind von einem pietistischen Pfarrer taufen zu lassen, in der Gemeinde einen außerordentlich hohen Stellenwert erreicht. Es folgten heftige Auseinandersetzungen, in deren Verlauf Adolph von Thadden aus der Heiligen Schrift belegte, wie die Gemeinschaft der Heiligen aussehen sollte. Mit den häuslichen Andachten und Zusammenkünften würde das kirchliche Leben im Ort nicht gestört. Das wurde aber vom Landeskirchenamt in Stettin anders beurteilt. Der Druck auf den Gutsherrn verstärkte sich bis zur Verhängung von Strafen, wenn die Gebetsversammlungen die Polizeistunde überschritten. Von Thadden reagierte in einer für ihn ironischen Weise. Anstelle der geforderten fünf Taler lieferte er auf der Polizeistation in Greifenberg einen Hammel ab.

Als ich diese Geschichte las, wurde ich zwar nicht an einen Hammel, sondern an einem Ziegenbock erinnert. Kurz nach unserer Flucht aus Polen ging es in meiner Familie ums Überleben. Mein Vater hatte seine Stellung als Professor verloren, und da wir auch unseren großen Besitz im Warthegau zurücklassen mussten, waren wir arm wie eine Kirchenmaus. Jede nur mögliche Arbeit nahmen wir an. Ich trug schon als kleines Mädchen Zeitungen aus und lieferte auf einem Handwagen Schmierfette aus, die die Bauern bestellt hatten. Auch das Geld, was sie bezahlen mussten, kassierte ich sorgfältig ein. So konnte ich mir immer den Betrag für die Monatskarte selbst verdienen. Meiner Mutter wurde die Aufgabe angeboten, den Ziegenbock des Dorfes zu versorgen. Sein Stall war ganz in der Nähe von unserer kleinen Einzimmerwohnung. Jedes Mal, wenn eine Ziege gedeckt werden musste, führte sie meine Mutter zum Bock. Außerdem musste sie auch das Tier füttern und den Stall ausmisten. Dies war keine allzu große Mühe. Das Problem war ein anderes. Ziegenböcke verbreiten einen schrecklichen Gestank. Immer wenn meine Mutter den Stall betreten hatte, musste sie sich danach umziehen. Manchmal mussten auch wir Kinder, als wir herangewachsen waren, diese Arbeit übernehmen und waren natürlich darüber nicht begeistert. Aber immerhin wurde dieser Dienst mit 50 DM monatlich gut bezahlt. In dieser notvollen Hungerszeit waren wir für jede Mark dankbar.

Etwas Gutes hatte diese Aufgabe für mich. Als ich mich 1956 verlobte, kaufte mir meine Mutter ein wunderschönes Kleid. Fortan nannten wir es „das Bockkleid"; denn Mutter hatte es für die Versorgung des Bockes erhalten. Ich war darüber sehr glücklich und habe es lange getragen. Heute denke ich manchmal: Mutter, du hast dich für uns aufgeopfert und auch die niedrigsten Aufgaben angenommen, obwohl du doch Professorenfrau warst. Mir ist meine Mutter in dieser Beziehung ein rechtes Vorbild und früh habe ich gelernt, dass Arbeit nicht schändet, auch wenn ihr der Geruch eines stinkenden Bockes anhaftet.

Der Friede ist entschwunden

Die Losung für das Jahr 2012 passte ausgezeichnet in meine Situation. In 2. Korinther 12,9 heißt es: „Jesus Christus spricht: Meine Kraft ist in den Schwachen mächtig." Ich war schwach und fühlte mich oft auch recht elend. Mein linker Arm, den ich mir ein halbes Jahr vorher gebrochen hatte, schmerzte sehr, und mit meiner täglichen Hausarbeit geriet ich ins Hintertreffen. So war ich überaus froh, dass ich beim Oberarzt im Krankenhaus einen Termin für eine Operation erhalten hatte. Ich fragte nicht danach, ob dieser Tag für mich geeignet war oder nicht. So machte ich mich auf den Weg zum nahe liegenden Diakoniekrankenhaus.
„Hallo, Frau Bormuth, Sie haben ja heute Geburtstag", begrüßte mich eine Ärztin. „Wir von der Notaufnahme gratulieren Ihnen ganz herzlich zu Ihrem Wiegenfest. Es passiert ganz selten, dass ein Patient an seinem Ehrentag bei uns eingeliefert wird. Aber wir werden Ihnen den Aufenthalt so angenehm wie möglich machen. Nehmen Sie auf der Liege Platz. Bevor wir Sie auf Station bringen, wollen wir Blutdruck, Puls und Zucker messen. Außerdem werden wir Sie an ein EKG-Gerät anschließen. Wie kommt es denn, dass Sie gerade heute zu uns kommen?"
„Als mir Ihr Oberarzt diesen Termin für die Operation nannte, wollte ich ihn nicht verschieben, denn

ich weiß, wie schwer es ist, einen Termin bei einem solch tüchtigen Chirurgen zu bekommen. Der Arzt selbst konnte ja nicht wissen, dass ich gerade am 3. Januar das Licht der Welt erblickt habe. Nun bin ich bei Ihnen in guten Händen und bin dankbar, dass ich bald von den Schmerzen befreit werde und meinen Arm wieder gut gebrauchen kann. Mit meiner großen Familie kann ich ja meinen Geburtstag auf den nächsten Monat verschieben."

„Ja, Sie haben recht, wir werden alles für Sie tun, dass Sie sich nicht länger quälen müssen und bald wieder fit sind."

Nach den Untersuchungen brachte mich eine Schwesternschülerin auf die Chirurgie 1. „Lauter nette Leute werden Sie hier betreuen", flüsterte sie mir zu. Meine Reisetasche trug sie mir. „Zimmer 256 wird nun Ihre neue Bleibe sein. Sollten Sie noch etwas brauchen oder einen Wunsch haben, dann klingeln Sie. Hier, das Bett am Fenster ist frei und gehört Ihnen." Ich wunderte mich, dass der Raum sonst noch ganz leer war. „Sie werden sicher nicht lange allein sein. Unser Wartezimmer ist so kurz nach Neujahr voller Patienten." Und so war es denn auch. Schon eine Viertelstunde später wurde im Rollstuhl eine jüngere Dame hereingefahren. „Schmidt ist mein Name", stellte sie sich vor, „Alexandra Schmidt. Ich komme aus dem Marburger Hinterland, und nun sind wir Leidensgenossen." Auch ich nannte meinen Namen. Noch vor dem Abend wurde ein drittes Bett hereingeschoben. Frau Förster sah sehr elend aus und musste von zwei Pflegern in die Kissen gehoben werden. Sie war am Vormittag im Bad ausgerutscht und hatte sich mehrere blutende Wunden am Kopf und an den Armen zugezogen. Manchmal stöhnte sie laut auf: „Wie konnte ich nur so unvorsichtig sein und über meine eigenen Beine stolpern. Nun habe ich das Malheur. Ich hoffe nur, dass meine Knochen heil geblieben sind", jammerte sie. Ich versuchte sie zu trösten, aber es wollte mir nicht so recht gelingen. Das Personal auf dieser Station war wirklich gut geschult und im Umgang mit uns „Armen" sehr kompetent und liebevoll.

Als der Mond aufgegangen war, fragte ich meine beiden Mitpatientinnen vor dem Einschlafen: „Ist es Ihnen recht, wenn ich Sie in mein Abendgebet einschließe?"

„Ich habe nichts dagegen. Es wäre sogar hilfreich für mich", schaute mich meine Bettnachbarin mit großen Augen an. „Meine Schmerzen sind fast unerträglich."

In meiner Bibel suchte ich nach einem passenden Psalm und las ihn vor. Er war mit den Worten *Vertrauensvolle Bitte in der Anfechtung* überschrieben.

Dann dankte ich Gott dafür, dass wir uns nun in seine treusorgenden Hände begeben konnten. Er würde uns recht in unserem Elend beistehen und uns eine gute Nachtruhe schenken.

„Danke, Frau Bormuth, Sie haben das Gebet aber wunderschön formuliert und unsere Namen dabei eingesetzt. Nun dürfen wir neue Hoffnung gewinnen", nickte mir Frau Schmidt zu. Eine ruhige Nacht wurde es nicht, denn wer kann schon gut schlafen, wenn er in wenigen Stunden eine Operation durchstehen muss und ihn die Schmerzen quälen?

Am nächsten Morgen begrüßte ich meine beiden Leidensgenossinnen mit einem Lächeln auf dem Gesicht und gab ihnen die Hand. Da ich die Einzige war, die in diesem Zimmer laufen konnte, bot ich den anderen meine Hilfe an. So richteten sie immer wieder ihre Bitten an mich: „Können Sie mir mein blaues mit Blumen besticktes Nachthemd aus dem Schrank holen?"

„Ach jetzt komme ich nicht an den Telefonhörer heran. Würden Sie ihn mir reichen? Mein Mann will sicher wissen, wie es mir geht."

„Klingeln Sie doch bitte für mich. Meine Gipsschiene drückt auf mein linkes Fersengelenk. Ein Pfleger soll mich von diesem Druck erlösen."

Es waren lauter kleine Handgriffe. Aber wenn man sich kaum bewegen kann, ist das schon notvoll. Nach dem Frühstück fragte ich behutsam: „Sollen wir den Tag nicht mit einem Morgenlied beginnen?" Beide nickten, und ich stimmte an:

„Großer Gott, wir loben dich;
Herr, wir preisen deine Stärke.
Vor dir neigt die Erde sich
und bewundert deine Werke.
Wie du warst vor aller Zeit,
so bleibst du in Ewigkeit.

Herr, erbarm, erbarme dich.
Lass uns deine Güte schauen;
deine Treue zeige sich,
wie wir fest auf dich vertrauen.
Auf dich hoffen wir allein:
Lass uns nicht verloren sein."

Mit unserem Gesang hätten wir nirgends auftreten können, aber wir sangen ja zu unserer inneren Erbauung und zu Gottes Ehre. Dann griff ich zur Losung, sagte einige treffende Worte dazu und legte den neuen Tag im Gebet in Gottes treue Hände.

„Beten hilft immer", machte ich den beiden Kranken Mut. In der Weise hielt ich mein Ritual alle Tage ein und hielt manchmal sogar eine kurze Andacht. Unter dem Zuspruch Gottes wuchsen wir zusammen. Fast jeden Nachmittag erzählte ich meinen Mitpatientinnen eine lustige Geschichte, denn Lachen tut der Seele wohl.

Für Alexandra – wir zwei duzten uns inzwischen – kam der Tag der Operation. Ein komplizierter Eingriff stand ihr bevor. Wieder fragte ich sie: „Ist es dir recht, wenn ich für dich die Hände falte? Du sollst keine Angst haben und wissen, dass du in Gottes Armen gut geborgen bist." Dann kamen zwei Pfleger und fuhren sie in den Operationssaal. An der Tür drehte sie sich noch einmal mir zu und hob die Hände in die Höhe.

Erst nach fünf Stunden sah ich Alexandra wieder.

„Lotte, das war eine lange, harte Prozedur. Aber nun habe ich sie überstanden. Du hast recht. Beten hilft wirklich. Ohne Angst und voller Zuversicht habe ich mich dem Narkosearzt anvertraut. Für mich ist das ein Wunder, denn ich war noch nie in einem Krankenhaus. Du kannst dir sicher vorstellen, wie bange mir vor diesem Tag war. Aber nun kann es ja nur noch aufwärts gehen. Lotte, hab vielen Dank!"

Es war mir ein inneres Bedürfnis, Gott für die Bewahrung während der Operation zu danken, und so betete ich laut, und auch Alexandra faltete ihre Hände: „O Gott, du bist wunderbar. Wie sollten wir ohne dich leben können.

Dein Arm ist nicht zu kurz, dass er nicht helfen könnte. Bleibe du weiter bei Alexandra und schenke einen erfolgreichen Heilungsprozess. Gib ihr auch viel Geduld für die sechs Wochen, bis sie ihr Bein wieder belasten kann. Lass sie in deiner Nähe geborgen sein und neue Hoffnung schöpfen."

Wir erlebten dann noch Tage einer wunderbaren Gemeinschaft. In einer Nacht vertraute mir Frau Förster ihr leidvolles Schicksal an. Zu Hause musste sie einen schwer kranken Verwandten zurücklassen, den sie schon über viele Jahre pflegte. Er litt an Schizophrenie. Kein Mensch kann ahnen, welch unerträgliche Last ihr damit auferlegt war. „Ach, Frau Bormuth, es ist gut, dass Sie mich angehört haben. Manchmal braucht man einen Menschen, der Anteil an der eigenen Lebensführung nimmt. Bitte, beten Sie doch weiterhin für mich. Ich brauche Ihre Unterstützung. Sie glauben gar nicht, wie notvoll die Betreuung unseres Schwagers ist. Wenn er sich zur Behandlung begibt und seine Depotspritze erhält, komme ich ganz gut mit ihm zurecht. Aber oft lehnt er es ab, in die Ambulanz des psychiatrischen Krankenhauses zu gehen. Dann kann er sehr heftig, ja aggressiv werden. Ich weiß, er kann nichts dafür, seine kranke Psyche ist dafür verantwortlich. Aber mir macht sein Verhalten doch Angst." Ich versprach Frau Förster meine Fürbitte und trug ihren Namen in mein kleines Notizbuch ein, das mich immer an meine kranken und hilfsbedürftigen Menschen erinnert. Es war erstaunlich, wie wir bei diesem Krankenhausaufenthalt zusammenwuchsen. Manchmal war mir zumute, als befände ich mich in einer Seelsorgefreizeit.

Schließlich kam der Tag meiner Entlassung. Für Alexandra und Frau Förster viel zu früh. „Ach, können Sie nicht noch ein bisschen hier bei uns bleiben?", wurde ich gebeten. Ich verabschiedete mich und wurde mit Geschenken meiner Mitpatientinnen überhäuft. Mehrere Gläser Marmelade, Blumen und eine Vase wurden mir überreicht. „Lotte, bleib doch wenigstens noch einen Tag. Es war so schön mit dir." Dabei drückte mich Alexandra fest an sich und wischte sich die Tränen von den Wangen.

„Wer wird jetzt mit uns beten und uns den Telefonhörer in die Hand drücken? Und was mache ich, wenn mir das Buch aus den Händen gleitet oder die Gehhilfen auf die Erde fallen?"

Natürlich war ich froh, wieder zu Hause zu sein. Aber ich verstand auch die Bedenken von Alexandra.

Schon am nächsten Tag klingelte mein Telefon. „Lotte, ich liege hier auf meinem Bett und heule in meine Kissen. Die Nacht war schrecklich. Ich konnte nicht einschlafen und hatte wahnsinnige Schmerzen. Seitdem du nicht mehr da bist, ist der Friede aus unserem Zimmer gewichen. Ich fühle mich so allein. Es ist niemand mehr da, mit dem ich reden kann. Und Jenny, die uns immer das Essen gebracht und den Staub gewischt hat, meinte: ‚Euer Zimmer hat immer solch eine Ruhe ausgestrahlt. Es war das beste Zimmer auf der Station, und oft gab es bei euch etwas, worüber ich lachen konnte. Jetzt herrscht nur noch Stress auf der Station. Ich werde hin und her gescheucht. Im Moment sind alle Zimmer voll belegt und jeder will etwas von mir. Dem einen fällt die Handtasche auf den Boden, und er kann sie nicht selbst aufheben, dem anderen ist die Uhr stehen geblieben, und wieder einem anderen ist der Kaffee zu kalt. Oft werde ich auch ausgeschimpft, weil die Blumen kein frisches Wasser bekommen haben und der Raum nicht gelüftet wurde.' Lotte, du hättest unbedingt noch eine Woche bei uns bleiben müssen. Gestern sind mir noch die Infusionsschläuche auf die Erde gefallen, und keiner will sie mir mehr sofort anlegen. Ich solle nicht so viel in meinem Bett herumhampeln. Das wäre auch für mein gebrochenes Bein schädlich. Warum hast du dich nur so schnell aus dem Staub gemacht? Du hast auch immer so wertvolle Psalmworte für uns gefunden. Nun aber ist alles so öde und leer."

Ich tröstete Alexandra und packte sogleich eins meiner neuen Bücher, einen mit Blumen und Sprüchen dekorierten Kalender für das Jahr 2012 und mehrere Spruchkarten zusammen. Aus dem Zuspruch Gottes kann Alexandra neues, ermutigendes, freudvolles Leben erreichen; denn Jesus ist unser Friede, und er will nicht von uns weichen.

Mein Paulchen

Paulchen hatte ich auf einer Freizeit in Reudnitz kennengelernt. Mit seinen Eltern war er in die Nähe von Greiz nach Thüringen gekommen. Er war ein groß gewachsener Junge und hatte ein schönes Gesicht mit wunderbaren braunen Augen. Beim ersten Anblick hätte keiner geahnt, dass dieses Kind schwer behindert war. „Unser Sohn ist Autist", hatte mir die Mutter in einem Gespräch anvertraut, „und zudem leidet er an Tinnitus. Das ist eine Erkrankung der Ohren, bei der der Patient ständig Geräusche vernimmt. Sie wirken sehr störend und versetzen den Menschen in schreckliche Unruhe."

An allen Andachten nahm Paulchen teil und man konnte ihm abspüren, wie sehr er die Bibel liebte. Manchmal sah ich ihn am Nachmittag unter der Weide sitzen, in die Bergpredigt vertieft, wie er mir später am Abendbrottisch erzählte. Meist aber war er an der Seite seiner Mutter zu finden. Sie war seine wichtigste Bezugsperson. Verwandte hatten ihr schon geraten, Paulchen in ein Heim zu geben. Denn ein Leben lang könne sie ihn doch nicht versorgen. Je länger das Kind zu Hause bliebe, desto schwerer würde ihm dann die Eingewöhnung in ein Heim fallen. So fragte mich die Mutter um Rat.

Ich musste erst einmal darüber nachdenken. Am

nächsten Tag trafen wir uns wieder vor der Bibelarbeit. „Frau Storch, können Sie es verkraften, Ihren behinderten Sohn immer um sich zu haben und ihn zu versorgen? Sie haben ja noch zwei gesunde Kinder und Ihren Mann. Von Beruf sind Sie Hausfrau, und soweit ich weiß, wohnen Sie in einem Eigenheim mit Garten. All das macht viel Arbeit."

„Ja, aber das geht noch ganz gut, mein Mann steht mir auch zur Seite. Rasen mähen und Unkraut jäten übernehmen schon meine beiden Buben. Natürlich fällt es mir immer wieder schwer, mich auf Paul einzustellen. Es gibt Situationen, in denen der Junge aggressiv wird. Da rastet er schon mal aus und ich fühle mich hilflos, obwohl ich ihn verstehen kann. Das ständige Brummen und Piepsen im Ohr muss ihn ja fast in den Wahnsinn treiben. Aber ich muss auch zugeben, dass ein autistisches Kind manches Geheimnis birgt. Immer kann ich meinen Jungen nicht begreifen. Doch im Laufe der Jahre habe ich einen verständnisvollen Zugang zu ihm gewonnen, und die wenigen Male, in denen er mir zu einem Rätsel wird, will ich ertragen. Ich liebe mein Kind sehr. Auch gesunde Kinder können Probleme bereiten. Das ist meine Erfahrung. Nun sagen Sie mir, Frau Bormuth, wie soll ich mich verhalten? Besonders meine Schwiegermutter wirft mir vor, ich würde mich zu viel um Paulchen kümmern und die andern beiden vernachlässigen. Diese Diskussionen verunsichern mich."

„Frau Storch, Sie stellen mir schwere Fragen. Lange

habe ich darüber nachgedacht. Ich neige zu dem Rat, dass Sie Paulchen, solange Sie die Kraft dazu haben, in Ihrer Familie behalten. Kein Betreuer im Heim wird sich so intensiv und liebevoll um Ihren Sohn kümmern können, wie Sie das vermögen. Paulchen wird schrecklich leiden, wenn er aus der vertrauten Atmosphäre herausgerissen und von der Mutter getrennt würde. Außerdem habe ich gesehen, wie intensiv sich der Vater um Ihre beiden andern Kinder müht. Ich habe nicht den Eindruck, dass Ihre Jungen in der Familie zu kurz kommen. Sie sind nicht verwöhnt und stellen auch keine hohen und falschen Ansprüche. Sie versuchen ja sogar, Ihnen zur Hand zu gehen, und verstehen es auch, Paulchen in ihr Spiel einzubeziehen. Sie helfen ihm auch beim Anziehen und holen Mützen und Schals herbei, wenn Sie mit ihm spazieren gehen wollen. Bei Tisch reichen sie ihm Brot, Butter und Wurst und schauen, ob seine Tasse noch mit Kakao gefüllt ist."

So entschied ich mich dazu, Frau Storch zu sagen: „Erhalten Sie Ihrem Kind die wohltuende häusliche Geborgenheit, solange Sie die Kraft dazu haben. Quälen Sie sich nicht mit dem Gedanken, was die Zukunft bringen wird. Sie wissen doch: Nach dem Wort Jesu ist uns das Sorgen verwehrt, obwohl es für Sie besonders notvoll ist. Aber hat nicht der Gottessohn zugesagt, dass ihm Ihr kleiner hilfsbedürftiger Schatz wertvoll ist? Seine Liebe und Fürsorge gelten auch ihm, dem ein so schwerer Lebensweg beschieden ist. Gerade unsere diesjährige Jahreslosung will das deutlich machen: *Meine Kraft ist in den Schwachen mächtig.* Klammern Sie sich an diese Verheißung. Und dann bleibt uns als Christen die Hoffnung, dass der Tag bald anbrechen wird, da Jesus uns in seine Herrlichkeit holt, wenn er wiederkommt und sein neues Reich aufrichtet. Dann wird es keinen Schmerz, keine Träne, kein Leid mehr geben. Noch warten wir auf diesen großen Tag. Er ist schon im Anbruch. Aber ich bin der festen Zuversicht, dass Christus Ihnen die Kraft und Festigkeit schenkt, um jeden Tag aus seiner Hand anzunehmen und durchzustehen."

„Vielen Dank, Frau Bormuth. Ein Stein fällt mir vom Herzen. Ich weiß auch nicht, wie ich die Trennung von Paulchen hätte ertragen können."

Wir verlebten auf dieser Freizeit dann noch wunderbare, schöne Tage, wurden von den Hauseltern aufs Beste versorgt und konnten unter der Botschaft von Jesus Christus innerlich neu auftanken. Fröhlich reisten die Teilnehmer nach solch segensreichen Erfahrungen wieder nach Hause. Dieses behinderte Kind aber wurde mein Paulchen, und ich trug seinen Namen in meine Gebetsliste ein.

Inzwischen war ein Jahr vergangen. Da erreichte mich ein Anruf von Frau Storch. Sie weinte am Apparat und konnte kaum sprechen. „Frau Bormuth, ich bin im Augenblick total verzweifelt. Paulchen ist schwer erkältet, und das hat seine Tinnituserkrankung unerträglich für ihn gemacht. In seinem Kopf muss es schrecklich dröhnen. Der Junge hält sich beide Ohren zu und läuft im Zimmer auf und ab. Ich habe ihm schon das starke Medikament Valium gegeben und stopfe ihn voll mit Psychopharmaka. Aber es wird nicht besser mit meinem Kind. Ich kann ihm keine Linderung verschaffen. Ob Sie für ihn beten würden?"

Das habe ich natürlich gleich am Telefon getan. Nachdem ich den Hörer wieder aufgelegt hatte, musste ich ständig an den kranken Jungen denken. „Herr Gott, ich bitte dich für Paulchen. Heile du ihn!", war mein ständiges Rufen zu meinem Herrn an diesem Tag. Paulchens Mutter schien etwas erleichtert, dass sie ihrem Schmerz Worte gegeben hatte. Zwei Tage später klangen der Schnupfen und Husten ab und der kleine liebe Kerl fand Erleichterung. Das Bibelwort hat sich als wahrhaftig erwiesen: *Der das Ohr gepflanzt hat, sollte der nicht hören?* (Psalm 94,9)

Eine Kindheit voller Schrecken

Heute habe ich mit meinem Mann das Zimmer von Manfred ausgeräumt. Seit einem Jahr haben wir schon nichts mehr von ihm gehört und gesehen. Alle Nachfragen bei den Behörden blieben erfolglos. Da auch schon länger keine Miete mehr eingegangen war, entschlossen wir uns, seine Wohnung neu zu vermieten. Ich war entsetzt, als ich seine Tür öffnete, die gar nicht verschlossen war. Wie kann ein Mensch nur in solch chaotischem Durcheinander leben? Über zwanzig leere Flaschen standen am Bett, die wir dann entsorgten. Die meiste Arbeit bereiteten uns die Schubladen. Sie waren vollgestopft mit Briefen, Schriftstücken und Zetteln. Viele Postsachen waren noch gar nicht geöffnet. Ich ließ sie an den Absender zurückgehen. Die Dokumente sammelte ich alle in einem Ordner. Zwei Stunden brauchte ich allein, um das Geschirr zu spülen und die angebrannten Töpfe zu schrubben. Die Kleidung – Hemden, Pullover, Hosen, Unterwäsche Strümpfe und Schuhe – verstaute ich in sieben großen Plastiksäcken, und mein Mann trug sie ins Gartenhaus. Wir brauchten fast zwei Tage, bis wir alles geordnet und geputzt hatten. Dabei gerieten mir mehrere Bögen in die Hände, die Manfred in einen besonderen Umschlag mit der Aufschrift „Mein Lebenslauf" gesteckt hatte. Ich war tief bekümmert, als ich ihn gelesen hatte. Natürlich ist Manfred nicht sein richtiger Name. Ich habe ihn geändert, um die Anonymität zu wahren. So schreibt er:

Die ersten sieben Jahre meiner Kindheit waren wunderschön. Ich lebte mit meinen drei Geschwistern am Rande einer Kleinstadt. Mein Vater war Ingenieur. Wir entbehrten nichts. Dann aber kam es zwischen meinen Eltern öfter zu heftigen Streitereien. Einmal haben sie sich so laut angebrüllt, dass ich mich ins Dachgeschoss flüchtete und mir die Ohren zuhielt. Ich war entsetzt, als eines Tages mein Vater seine Sachen packte und ein Möbelwagen Bett, Kleider, Schreibtisch und Regale abholte. Uns Kindern wurde nur gesagt, dass Papa nach Hamburg gezogen sei. Dort habe er eine neue Arbeitsstelle in einem Baubüro gefunden. Später erzählte uns Mutter, als wir fragten, warum wir nicht auch dorthin ziehen, dass Papa von ihr geschieden worden sei. Er habe in seiner Sekretärin eine neue Frau gefunden. Damit begann unser sozialer Abstieg.

Unser schönes Haus wurde von der Bank versteigert, da Vater die Kreditraten nicht weiter bezahlte. Wir mussten es verlassen und zogen in den dritten Stock eines großen Mietshauses. Eng wurde es in unserer Dreizimmerwohnung, und zum Spielen fehlte uns der Garten. Aber die schlimmste Qual durchlitt Mutter. Die Trennung von Papa verkraftete sie überhaupt nicht. Sie versuchte ihren Schmerz im Alkohol zu verdrängen. Viel zu spät merkte sie, dass sie zu einer Alkoholikerin geworden war. Zug um Zug veränderte sich unser Leben zum Schlechten. Morgens stand Mutter nicht mehr aus ihrem Bett auf, sondern schlief meist bis zum Mittag ihren Rausch aus. Wir mussten uns selbst unser Pausenbrot streichen, und auf dem Küchentisch lag ein Zettel: „Brot ist im Kasten, Milch und Käse im Kühlschrank, Äpfel liegen im Körbchen. Wenn ihr das Haus verlasst, dann schlagt die Tür nicht so laut zu. Ich will noch schlafen."

Öfter passierte es auch, dass wir hungrig auf unserer Schulbank saßen. Der Kühlschrank und der Brotkasten waren leer. Mutter hatte sich total verändert und wurde sogar aggressiv, wenn sie sich in ihrem Rausch von uns gestört fühlte. Dann brüllte sie uns an, und in ihrer Wut schlug sie auch mit einem Riemen auf uns ein. Wenn die Schnalle mich auf den Rücken traf, dann tat dies höllisch weh. Laut schrie ich auf und sie haute noch fester drauf. Ich verzog mich in die Toilette und vergoss bittere Tränen.

In der Schule galten wir nun als die Assis. Oft kamen wir ungewaschen und ungepflegt in die Schule, denn auch unsere Hosen wurden nicht mehr geflickt. So verloren wir nach und nach unsere früheren Freunde. Wir suchten uns auf der Straße neue Kumpels und gerieten dabei in schlechte Gesellschaft. Mit zwölf Jahren rauchte ich meine erste Zigarette, und als ich dreizehn war, griff ich zu Mutters Wodkaflasche, wenn sie es nicht merkte. Einmal musste ich wegen einer Alkoholvergiftung ins Krankenhaus eingeliefert werden. Das Jugendamt wurde informiert und wir wurden unserer Mutter weggenommen, als man das Chaos zu Hause sah. Wir wurden als Geschwister getrennt und kamen in verschiedene Kinderheime. Sie sei mit ihrer Alkoholsucht total überfordert und könnte ihre Kinder erst wieder zu sich nehmen, wenn sie ihren Entzug erfolgreich abgeschlossen hätte, wurde uns von unserer Tante gesagt.

Nun war uns alles genommen: Papa, Haus, Garten, Freunde und auch noch Mama. Zweimal bin ich aus dem Heim abgehauen. Bis nach Hamburg trampte ich und suchte meinen Vater. Aber alle Mühe war vergeblich. Nie hätte ich gedacht, dass Hamburg eine solch große Stadt ist. Als ich hungrig und müde war und keinen Cent mehr in der Tasche hatte, legte ich mich auf eine Parkbank und schlief auch bald ein. Die Polizei griff mich auf und brachte mich zurück ins Kinderheim. Durch die Hilfe einer tüchtigen Erzieherin schaffte ich den Schulabschluss und kam zu einem Schreiner in die Lehre. Aber lange hielt ich es bei ihm nicht aus. Nachdem ich zweimal betrunken in der Werkstatt erschienen war, wurde ich gefeuert.

Nun war mein sozialer Abstieg vorprogrammiert. Mit Hilfsarbeiten schlug ich mich durch. Mal stand ich als Security-Mann vor einer Diskothek, mal räumte ich Lebensmittel in die Regale eines Großmarktes ein, mal half ich bei der Müllabfuhr aus und dann wieder schippte ich Schnee von den Gehsteigen und streute Salz auf die Straße. Wenn ich keine Arbeit hatte, dann lungerte ich mit meinen Kumpels in den Kneipen herum und glitt in das Milieu der Kriminellen ab. Ich brauchte ja dringend Geld, um bei den Saufgelagen mithalten zu können. Sah ich eine alte Dame im Pelzmantel und mit Gold und Silber behängt, dann schlug ich zu und entwendete ihre Handtasche. Den Ort, wo ich sie überwältigen konnte, suchte ich genau aus; denn ich wollte ja nicht entdeckt werden. Flink wie ein Hase war ich ja, und so schnell konnte mich niemand fangen.

Aber einmal stürzte mein Opfer schwer. Die Achtzigjährige brach sich beim Fallen ein Bein und schlug mit ihrem Kopf heftig auf die Bordsteinkante auf, sodass sie bewusstlos im Staub der Straße liegen blieb. Passanten eilten herbei, und einer der Männer erkannte mich und stellte Strafanzeige. Das war mein erstes schweres Verbrechen. Ich kam vor das Jugendgericht und wurde zu 140 Arbeitsstunden im Obdachlosenasyl verurteilt. Außerdem musste ich der alten Dame Schmerzensgeld zahlen. Das war nicht wenig, denn sie hatte mehrere Wochen in der Klinik zubringen müssen. Als ich einmal in einem Supermarkt die Taschen mit Rum, Wodka und Zigaretten vollgestopft hatte und versuchte, unbemerkt die Ausgangstür zu erreichen, wurde ich von einem Detektiv festgehalten. Wieder kam ich vor Gericht, denn ich hatte mich heftig gewehrt und auch ihn niedergerammt. Zu einer Haftstrafe von vier Monaten auf Bewährung wurde ich verknackt. Aber noch einmal durfte ich mich beim Stehlen nicht erwischen lassen, denn dann würde ich im Jugendknast landen.

Ein Vierteljahr lang holte ich mir die Lebensmittel

von der Tafel ab, aber das Verlangen nach Bier und Schnaps war so groß, dass ich fast mein ganzes Geld für alkoholische Getränke ausgab. Auch ich war zum Säufer geworden, das musste ich mir nun eingestehen. Es dauerte gar nicht lange, bis ich wieder vor dem Haftrichter stand. Diesmal wurde ich wegen räuberischer Erpressung zu einer hohen Strafe verurteilt, die nicht mehr zur Bewährung ausgesetzt wurde. Wann ich sie antreten sollte, würde mir noch mitgeteilt. So blieb mir noch etwas Zeit, meine persönlichen Sachen zu ordnen. Ich nutzte diese Tage auch, um mir Gedanken um mein Leben zu machen.

So fing ich an, mir ein Tagebuch zuzulegen und alles aufzuschreiben. Über den vielen Stunden, in denen ich meinen Lebenslauf zu Papier brachte, bin ich nicht dazu gekommen, mein Zimmer in Ordnung zu bringen. Wenn ich mich in meinen vier Wänden umsehe, muss ich mir sagen, dass ich in chaotischen Verhältnissen lebe und total heruntergekommen bin. Zum Alkohol waren noch die Drogen hinzugekommen, und sie haben mich total in die Tiefe gestürzt. Manchmal würde ich mich am liebsten vor den Zug werfen, aber noch habe ich ein paar wenige Freunde, die zu mir stehen. Mit meinem Selbstmord würde ich auch sie ins Unglück stürzen. Ich bin verzweifelt und weiß oft nicht, wie ich aus meinem Elend herausfinden kann. Es wird nicht mehr lange dauern, bis mich die Polizei in Handschellen abführt.

Nachdem ich diese düstere Lebensgeschichte gelesen hatte, bewegte mich die Frage, wie ich ihm helfen könnte. Ich war unendlich traurig. Hier haben die Eltern und vielleicht auch die Lehrer versagt. Einen großen Teil der Schuld tragen auch seine zwielichtigen Freunde, die ihn in den Sumpf von Drogen, Alkohol und Diebstahl hineingezogen haben. Als er vor etwa drei Jahren an unsere Tür klopfte, erzählte er mir, dass er eine Entziehungskur gemacht habe und nun seit fünf Monaten clean sei. Aber hart und krass sei diese Zeit in der Klinik gewesen. Nun wolle er ein neues Leben beginnen. Auch wir machten ihm dazu Mut, und nach zweieinhalb Jahren gewannen wir den Eindruck, dass es mit ihm aufwärts gehe.

Er kleidete sich ordentlich, hatte eine Arbeitsstelle in einem Recyclingcenter gefunden, und die größte Gabe wurde ihm mit seiner Freundin geschenkt. Auch die Eltern von Jenny waren ihm zugetan und luden ihn oft ein. Ob er sie aber in sein früheres Leben eingeweiht hatte, wage ich zu bezweifeln. Sicher nicht. Jennys Eltern waren angesehene Bürger. Die Mutter arbeitete in der Stadtverwaltung als Sekretärin, und der Vater hatte eine verantwortungsvolle Stelle in einem Baubüro. Manfred war stolz auf seine Freundin – sie war gerade 17 Jahre alt geworden. Auch wir nahmen uns seiner an und luden ihn zu den Gottesdiensten ein. Mein Mann musste oft unseren Sohn, der Pfarrer ist, in seiner Urlaubszeit in der Gemeinde vertreten. Da fuhr Manfred mit seiner Freundin gerne mit, und anschließend haben wir gemeinsam bei uns

Mittag gegessen, Ich hatte viel Hoffnung für unseren Freund.

Aber dann platzte eines Tages die Freundschaft mit Jenny, und diese Trennung stürzte Manfred in ein tiefes Loch. Er suchte seine früheren Freunde auf und schloss sich ihnen an. Das wurde ihm zum Verhängnis. Nachdem er mindestens drei Jahre trocken gewesen war, erlebte er einen Rückfall. Es wurde dann auch eine böse Zeit für uns. Manfred handelte wieder mit Drogen, und mehrmals stand die Polizei vor unserer Tür. Was er sonst noch an Straftaten ausgeheckt hat, kann ich nur ahnen.

Nachdem sich die Post vor seiner Tür gestapelt hatte und wir nicht wussten, wo er sich befand, suchten wir nach ihm. Einer, der früher mit ihm im Gefängnis gesessen hatte, erzählte eines Tages von Manfred. Es war nicht sehr hoffnungsvoll, was ich hören musste. Ich trage Leid um diesen jungen Menschen und will ihm mit meinen Gebeten beistehen. Es ist ein tragisches Schicksal. Kommt er je wieder aus dem Teufelskreis des Trinkens, der Drogensucht und des Diebstahls heraus? Ich will mich von dem Wort ermutigen lassen: „Bei Gott ist kein Ding unmöglich."

Kinder brauchen eine Heimat

Dr. Thomas John Barnardo stand 1870 in einer harten Auseinandersetzung mit der unvorstellbaren Not, dem Leid und der Armut der Kleinsten in seinem Land England. Da fiel eines Tages beim Bibelstudium sein Blick auf Psalm 32,8 und es war, als wären die folgenden Worte mit großen Buchstaben in seine Bibel gedruckt: „Ich will dich unterweisen und dir den Weg zeigen, den du gehen sollst; ich will dich mit meinen Augen leiten, spricht Gott." Er litt unsäglich darunter, dass die Kinder und Jugendlichen in den Slums von London in schrecklicher Verwahrlosung lebten. Er selbst war als Kind furchtbar störrisch gewesen und litt unter einem ausgeprägten Eigensinn, aber er war doch sehr begabt. Sein aufmüpfiges Verhalten änderte sich erst, als er mit siebzehn Jahren in einer Erweckungsversammlung Jesus begegnete. Da begann ein neues Leben in ihm. Schnell wurde ihm bewusst, dass er aus der Macht der Sünde errettet war, um seinem Herrn Jesus Christus zu dienen. Er studierte Medizin. Dazu hatte ihm Hudson Taylor, der Begründer der China-Inland-Mission, geraten. Nebenbei engagierte er sich im YMCA und in einer „Lumpenschule", wo er sich vor allem um arme Kinder kümmerte. In dieser Armenschule erhielt er den Anstoß zu einem jahrelangen Lebensauftrag. Ein besonderes Ereignis hat in seinem Herzen tiefe Spuren hinterlassen.

Der Sommer hatte sich schon verabschiedet, und der Herbst war mit vergleichsweise niedrigen Temperaturen ins Land gezogen. In der Lumpenschule druckste ein kleiner Kerl herum und wollte nach Unterrichtsschluss nicht nach Hause gehen. Er bat seinen Lehrer, ob er nicht hier übernachten könne. „Aber die Schule ist doch nicht zum Schlafen da", erklärte Barnardo und unterhielt sich noch ein wenig mit dem Jungen. Dabei erzählte ihm dieser, dass er weder Vater noch Mutter habe und dass es in der Schule so wunderschön warm sei. Er kenne auch keine Verwandten oder Freunde und stünde ganz allein in der Welt da. Für die Nacht habe er keine Bleibe, und außerdem quäle ihn der Hunger entsetzlich. Der Lehrer lud ihn in seine Wohnung ein und bot ihm etwas zu essen an. Hastig schluckte der Junge das Brot hinunter.

Irgendwie wollte sich der Schulbub für die freundliche Bewirtung dankbar erweisen und bot sich an, Barnardo die Verstecke zu zeigen, in denen seine Schicksalsgenossen schliefen: in Markthallen, im Schutz der Weinfässer und auf Wellblechdächern. Nicht allein die Kälte bedrohte die Kinder, sondern sie fürchteten sich auch, von der Polizei entdeckt zu werden, die meist heftig zuschlug und die Kleinen in Gewahrsam nahm und sie einsperrte. Am schlimmsten aber litten die Buben und Mädchen unter dem Hunger. Ihre

Versorgung war denkbar schlecht. Auch wenn man sich in der Stadt bemühte, diesem Elend abzuhelfen, stand man doch einem solchen Ausmaß von Not ohnmächtig gegenüber.

Eine Einladung zum Grafen Shaftesbury, der sich für solche Waisen einsetzte, brachte die Wende. Er kämpfte dagegen an, dass solche Kleinen in Bergwerken und Fabriken ausgenutzt wurden. Am gefährlichsten war es, dass manche von ihnen als Kaminfeger eingesetzt wurden, weil sie so dürr und klein waren. Dabei fanden manche Kinder den Tod, wenn sie im Inneren eines Schornsteins in die Tiefe stürzten. Was zählte schon das Leben eines Kindes?

Während des Festessens im Schloss erzählte Barnardo, was er in der Nacht erlebt hatte. Die Adligen zogen seine Beobachtungen in Zweifel. Es sei doch unmöglich, dass die armen Waisenkinder hungern und frieren und dazu noch hart arbeiten müssten, ohne ordentlich für ihr Tun entlohnt zu werden. Barnardo schlug vor, noch in der Nacht den Damen und Herren der Gesellschaft die schrecklichen Umstände vor Augen zu führen. In Droschken fuhren alle Gäste in die Nähe des Fischmarktes. In einer der Hallen schlug Barnardo eine Plane zurück, unter der die Fässer lagerten, und zog einen verängstigten, abgemagerten und in Lumpen gehüllten kleinen Kerl heraus. Der wehrte sich heftig vor Angst, dass er nun von der Polizei entdeckt wäre und ins Gefängnis käme. Allen Kindern wurde versprochen, dass sie einen Penny erhielten, wenn sie freiwillig aus ihrem Versteck herauskriechen würden. 73 Jungen kamen in verdreckten und zerrissenen Kleidern zum Vorschein. Ihr Anblick erschütterte die Adligen. Die Kinder wurden alle in ein Kaffeehaus gebracht, erhielten Wurstbrote und ein Getränk, und dann entließ man sie wieder in ihre Elendsquartiere. Die Vornehmen der Gesellschaft waren empört, dass solche grässlichen Zustände in London gang und gäbe waren.

1868 gelang es Barnardo, mit Hilfe von Spenden zwei Häuser zu mieten. Ihn beflügelte dazu das Wort aus Jesaja 60,11: *Deine Tore sollen stets offen stehen und weder Tag noch Nacht geschlossen werden.* Kein heimatloses Waisenkind sollte je wieder abgewiesen werden. Erschien ein solcher heruntergekommener kleiner Kerl, dann wurde er zunächst in die Badewanne gesteckt. Auch schor man dem Kind die Haare, um den Unmengen von Läusen den Garaus zu machen. Ein Arzt untersuchte den Buben, und dann gab man ihm eine wunderschöne Uniform. Er erhielt auch ein eigenes Bett zum Schlafen. Sogar ein abschließbares Schrankfach wurde ihm zugeteilt. Morgens wurden die Kleinen mit einem Trompetenstoß geweckt. Dann mussten sie zum Turnunterricht antreten. Anschließend wurde gefrühstückt und den Kindern wurde eine Morgenandacht gehalten. Sie konnten sogar zum Schulunterricht gehen. Für die Älteren standen Lehrwerkstätten zur Verfügung, sodass sie einen Beruf ergreifen konnten. Abends war es ihnen erlaubt, an

Kursen für Maschineschreiben und Stenografie teilzunehmen. Für jeden Jungen war eine gute berufliche Laufbahn vorgesehen.

Nachdem Barnardo von Spurgeon, dem berühmten Erweckungsprediger, mit Syria Luisa Elensli 1873 getraut worden war, erhielten auch die Mädchen die gleiche Schulbildung. Fortan kümmerte sich die junge Frau um sie. Schon 1875 wurde der Grundstein für 11 Familienhäuser gelegt. Es ist erstaunlich, wie dies im Glauben angefangene Werk wuchs. Insgesamt wurden 65 Häuser und 13 andere Gebäude wie Schulen, Kirchen und Sanatorien für lungenkranke Kinder gebaut. Im Jahre 1905 waren es 8700 Mädchen, und 1908 hatten schon 14 120 Jungen Arbeitsmöglichkeiten erhalten. Eine ganze Reihe von ihnen wanderte auch nach Kanada aus.

Dr. Barnardo, der inzwischen seine Zulassung als Arzt erhalten hatte, war mit einem starken Organisationstalent begabt und zudem noch überaus fleißig. Es entstanden sogar Häuser für Behinderte. Taubstumme konnten geschult und in die Gesellschaft integriert werden. Das Edinburgher Schloss ließ er zu einer alkoholfreien Erholungsstätte ausbauen. Seine Heime wurden von 135 000 Zöglingen besucht. Dieser Arzt wurde als der fleißigste Mann Englands bezeichnet. Am Ende seines Lebens sagte er:

„Ich würde mein Leben und mein Lebenswerk nicht tauschen gegen das von irgendeinem mir bekannten Mann. Hätte ich noch einmal zu leben, ich würde genau dasselbe tun, nur noch besser, hoffe ich, und mit mehr Weisheit und weniger Fehlern."

Alles, was Odem hat, lobe den Herrn

Was wären unsere Kirchen, wenn in ihnen nicht mit Macht Gottes Lob anbrechen würde? Einer, der Gott loben und zu seiner Ehre leben wollte, war Anton Bruckner. Er wurde am 4. September 1824 in Ansfelden/Oberösterreich geboren und verstarb am 11. Oktober 1896 in Wien. Er entstammte einer Lehrerfamilie. Elf Kinder gehörten ihr an, und er war der Älteste in der Geschwisterreihe. Früh verlor er seinen Vater, und die Mutter war froh, dass sie ihren Sohn als Chorknaben in das Stift St. Florian bei Linz geben konnte. Sicher steckte hinter dieser wunderbaren Führung Gottes planende Hand. Dieses stolze Kloster, das in einer herrlichen Gegend erbaut worden war, wurde dem jungen Mann zur Heimat. Leider musste er diese Stätte öfter verlassen, denn er wurde als Junglehrer und später als Domorganist von Linz und zuletzt als Professor an die Hochschule für Musik in Wien berufen. Aber ihn zog es immer wieder in dieses Kloster zurück. Hier lagen die Wurzeln für sein künstlerisches Schaffen, und hier fand er die nötige Stille und Sammlung. An diesem ruhigen Ort, wo er mehr als 20 Jahre eine Lehrtätigkeit ausübte, war er zu Hause. In Wien hat er nie warm werden können.

So atmete er erleichtert auf, wenn er wieder einmal in St. Florian sein konnte. Hier fand er sein Glück und seine innere Zufriedenheit.

Er war von bäuerlicher Gestalt, voller Kraft und erdverbunden; aber in seiner Glaubenshaltung blieb er immer kindlich und beherzigte die Worte Jesu: *Wenn ihr nicht werdet wie die Kinder, dann könnt ihr nicht in das Reich Gottes kommen.* Eine reine, tiefe Frömmigkeit ging von ihm aus.

Seine letzte Reise brachte ihn wieder nach St. Florian. Wenn er dort an der Orgel saß, konnte er mit einer tiefen Befriedigung auf die Stiftsgruft hinweisen, die unter der Orgel lag, und sagen: „Da werde ich einmal liegen. Der Herr Abt hat es mir zugesagt." Sein Glaube an den Auferstandenen hat ihn zu einer edlen Gestalt zu formen vermocht. Ein Roman, der über ihn verfasst wurde, trug sogar den Titel „Der Ehrfürchtige". Wie Johann Sebastian Bach lebte auch Bruckner aus der Überzeugung: Alle gute Gabe, auch alles künstlerische Schaffen, stammt von dem Vater des Lichts und muss von daher auch an Gott zurückerstattet werden.

Einmal fragte ihn ein Kirchenmann, ob er sein vollendetes Werk „Te Deum" (Dich Gott loben wir) nicht dem Herrn Erzbischof widmen wolle. Da antwortete er dem Fragenden: „Das *Te Deum* wird niemandem gewidmet. Es ist dem Herrgott gewidmet."

Als einmal ein junger Musiker von einer seiner Improvisationen auf der Orgel tief ergriffen war, kniete er vor dem großen Meister nieder. Dieser hob ihn wieder auf und sagte: „Stehn's auf, vor unserm Herrgott kniet man nieder, aber net vor die Menschen."

Wer in Bruckners Nähe lebte, lernte seine Bescheidenheit und Herzensgüte kennen. Sein Wesen war von der Liebe Gottes durchstrahlt. Ihm war es auch geschenkt, andere neidlos zu bewundern, die ihm in ihrem künstlerischen Schaffen Achtung einflößten. Gerade im Hinblick auf Bach und Beethoven kannte seine Wertschätzung keine Grenzen. Als er einmal die neunte Symphonie von Beethoven hörte, rief er aus: „Neben diesem Großen bin ich nur ein kleines Hunderl."

Bruckner hat drei Messen geschrieben, außerdem noch mehrere A-cappella-Motetten, die an die Sänger große Anforderungen stellen. Aber seine eigenen gewaltigen Leistungen liegen in der Komposition seiner Symphonien. Im Geist der Anbetung sind sie geschaffen, der die Hörenden erschüttert, sie aber auch in Jubel ausbrechen lässt. Bruckner musste lange darum kämpfen, bis er für seine Werke Anerkennung fand; denn seine Neider legten ihm Steine in den Weg und wussten, wie sie die Aufführung seiner Kompositionen hintertreiben konnten. Erst als seine siebte Symphonie im Ausland aufgeführt und mit Lob bedacht wurde, mussten sich auch die Wiener dazu bequemen, seinen Ruhm anzuerkennen. Aber seine Enttäuschungen und Rückschläge haben Bruckner nie daran gehindert, sein Vertrauen allein auf Gott zu setzen. Im Glauben ist er standhaft geblieben und hat die Zurücksetzung durch seine Landsleute mit Würde ertragen.

In den letzten Lebensjahren wurde ihm vom Rektor der Wiener Universität der Ehrendoktor verliehen. Wer Bruckners Werke auf sich wirken lässt, braucht innere Ruhe. Dann wird er auch die besondere Kraft dieser Musik erfahren. Darüber kann man nur ausrufen: „Alles, was Odem hat, lobe den Herrn! Halleluja!"

Krankenheilung durch das Gebet

Überall in Deutschland und in der Schweiz war der Ruf erklungen, dass es in der Nähe Zürichs eine Frau gab, die unter Handauflegung und Gebet Kranken die Gesundheit schenken konnte. Dorothea Trudel ist ihr Name. Sie selbst sagt von sich: „Ich selbst heile niemanden. Alle werden hingewiesen auf den Arzt Christus." Wer war diese Christin? Am 27. Oktober 1813 wurde sie in Hombrechtikon im Kanton Zürich geboren. Sie war eine schlichte, aber treue und fromme Beterin, die mit ihrem Gott in einer engen Beziehung lebte. Ihr Rücken war zu einem Buckel deformiert. Recht karg ging es in dieser kinderreichen Familie zu. Es war vor allem die tapfere Mutter, die bei der großen Kinderschar das Ruder fest in der Hand behielt. Mit Heimarbeit sorgte diese wunderbare Frau für die Familie. Sicher war dies keine leichte Aufgabe, denn mit elf Kindern musste jeden Tag tüchtig dafür gesorgt werden, dass das Brot auf den Tisch kam. Die Mutter war für Dorothea – das jüngste Kind – ein großes Vorbild. Der Vater hat sich nicht um die Familie kümmern können, denn er war schwer alkoholkrank. Sehr einfach und schlicht ging es in diesem Hause zu, aber die Mutter verstand es, bei ihrer vielen Arbeit eine Stätte des Friedens und des Gebets zu schaffen. So verbrachte die Kinderschar trotz mancher Nöte eine schöne Kindheit. „Wir lebten heiter und vergnügt", erzählt Dorothea Trudel.

Hatte der Vater wieder einmal zu viel über den Durst getrunken und randalierte, dann stellte sich die Mutter vor ihre Kleinen und Ruhe und Friede umgaben die ängstlichen Kinderherzen. Vor allem war es ihr Gebet, das sich wie ein Schutzwall um diese Familie legte. Auf den Mittagstisch kamen meist sehr einfache Speisen, und oft gab es immer dasselbe, das gerade im Garten wuchs. Aber der Familie ging es dadurch nicht schlechter als anderen. Bei dürftigem, geringem Essen blieben die Jungen und Mädchen gesünder als ihre wohlhabenden Klassenkameraden.

Es gab aber auch Zeiten, da blieb die Kasse leer. Nicht ein einziger Heller war aufzufinden. Aber durch das Gebet der Mutter schickte Gott wie zu Elias Zeiten Raben, die für das Nötigste sorgten. Dorothea Trudel berichtet: „Waren Mutter oder wir Kinder manchmal krank, dann konnte kein Arzt bemüht werden. Aber wir erlebten, dass Gott durch das Gebet Heilung schenkte. Das war eine wunderbare Erfahrung, die wir nicht nur einmal in unserem Hause erlebten." Mit vier Jahren wurde Dorothea von Pocken schwer geplagt. Sie wurde dadurch eine Zeit lang blind. Ihr vierzehnjähriger Bruder wurde von Krämpfen oft hin und her geschüttelt. Er litt an Epilepsie. Die Mutter vertraute ihrem Herrn Christus, betete und erhoffte sich von ihm Heilung. Beide Geschwister wurden bald wieder gesund.

Schon von klein auf wurden die Kinder mit dem Evangelium vertraut gemacht. Die Bibel war das einzige Buch in diesem Haus und war ihnen sehr lieb. Durch sie lernten die Kleinen auch das Lesen und Schreiben. Wie gerne hörten sie die Geschichten aus dem Alten und Neuen Testament, die ihnen die Mutter vorlas. Später lasen die Buben und Mädchen selbst mit großer Freude darin. Das hat ihnen viel ersetzt, wozu andere Kinder Zugang hatten. Sie selbst konnten aus Geldmangel die Schule nur selten besuchen. Schon mit neun Jahren saß die kleine Dorothea in der Stube und verrichtete Heimarbeit. Dabei ging es in der Familie heiter und fröhlich zu. „Wir waren glücklich und vergnügt", berichtet Dorothea. Als sie später erwachsen war, arbeitete sie als Seidenweberin in Männedorf. Mit zweiundzwanzig Jahren erlebte sie einen schweren Schock. Plötzlich und unerwartet starb ihre Freundin. Dieses Geschehen erschütterte sie tief. Sie fühlte sich von der Last ihrer Sünde fast erdrückt und wurde selbst schwer krank. In ihr brach die Frage Martin Luthers auf: „Wie finde ich einen gnädigen Gott?" Ihre gefährliche Erkrankung führte sie nur knapp am Tod vorbei.

In dieser schlimmen Zeit erlebte sie Gottes wunderbares Eingreifen. Er schenkte ihr Vergebung aller Schuld. Friede und Freude zogen in ihr Herz ein, und wider alles Erwarten erholte sie sich von ihrem Leiden. Nur der Rücken verursachte ihr viele Schmerzen und verunstaltete ihren Körper. Ein Leben lang litt sie darunter, dass sie immer buckliger wurde. In dieser anfechtungsreichen Zeit bewegte sie der Gedanke, dass Gott noch etwas mit ihr vorhatte. Besondere Umstände wiesen ihr den Weg in eine neue Aufgabe.

Vier Arbeiter im Geschäft ihres Neffen erkrankten äußerst heftig. Sie wurden ärztlich behandelt, aber ihr Zustand verschlimmerte sich von Tag zu Tag. In dieser entsetzlichen Not rief Dorothea zu Gott und wagte es auch, den Männern nach Jakobus 5,14 die Hände aufzulegen und sie zu segnen. Alle vier wurden wieder gesund. Das kam einem Wunder gleich und sprach sich in der Gegend herum. Schon bald holte man sie zu anderen Kranken, die auch Heilung erfuhren. Öfter wurde sie gebeten, Kranke in ihrem Haus aufzunehmen, die ebenso ihre Gesundheit wiedererlangten. Das Haus konnte gar nicht alle Gäste aufnehmen, die an ihre Tür klopften, und so wurden mehrere neue Häuser gebaut. Vor allen Dingen konnte sie Menschen helfen, die unter Depressionen und anderen Gemütskrankheiten litten.

Einfach ging es in dieser Anstalt zu. Da der Andrang immer mehr wurde, mussten Zimmer zu Schlafsälen ausgebaut werden. Unter ihren Gästen waren auch hochgestellte Persönlichkeiten wie Pfarrer, Lehrer und Professoren. So kamen zu ihr der Theologe August Tholuck aus Halle, Arnold Bovet, der Mitbegründer des Blauen Kreuzes, und Samuel Zeller, der später ihr Nachfolger wurde. Diese Menschen fanden aber nicht nur Heilung von schweren Erkrankungen, sondern erlebten auch eine innere Erneuerung und eine wunderbare Ausrüstung für ihre verantwortlichen Tätigkeiten. Die Gäste versammelten sich oft mehrmals am Tag zu Andachten. Dorothea Trudel las zuerst einen Bibeltext und legte ihn dann aus. Ihre Verkündigung war schlicht, aber von ihr gingen heilende Wirkungen aus.

Recht drastisch legte sie ihre Finger auf die Vergehen der Menschen. Manche Kranken wurden erst nach dem Bekenntnis ihrer Schuld geheilt. Aber nicht alle erfuhren die körperliche Gesundheit. Einige von ihnen gingen wieder krank nach Hause und mussten ein Leben lang ihre Leiden ertragen. Aber meistens waren auch sie innerlich reich gesegnet worden. Dorotheas tiefgründige Gebete hinterließen einen machtvollen Eindruck. Der Lausanner Gelehrte Professor Charles Secretan schrieb darüber: „Ihr ganzes Wesen war zusammengefasst in ihrem Gebet. Sie brachte einem die Realität der göttlichen Dinge zum Bewusstsein: So kann man nur mit jemandem reden, der einem zuhört und antwortet und dessen Antworten man versteht."

Aber Dorothea las nicht nur die Bibel und betete mit den Kranken, sondern pflegte sie auch gewissenhaft und wachte nachts an ihren Betten.

Aber ihre seelsorgerliche Tätigkeit erregte viel Neid und hässliche Beschimpfungen. Ihr wurde sogar verboten, sich in Heilgeschäfte einzumischen. Sogar ein Prozess wurde ihr angehängt, der neun Monate dauerte. Sie erwies sich als eine starke Frau, gab nicht auf und erreichte in der dritten Instanz einen vollständigen Freispruch.

1862 wütete in Männedorf eine schreckliche Typhusepidemie. Dorothea wich Tag und Nacht nicht von den Betten ihrer Kranken. Schließlich wurde auch sie von der tödlichen Seuche erfasst und starb nach schwerem Leiden am 16. September 1862. Ein Gebet aus dieser harten Krankheitszeit ist uns überliefert: „Treuer Heiland, jetzt verstehe ich erst, was du willst. Du führst uns in den Schmiedeofen. Aber es ist heiß darin. Lob und Dank sei dir dafür. Herr, wenn ich im Finstern sitze, dann sei du mein Licht!"

Mephiboschet – ein Mensch findet Lebensqualität

2. Samuel 4,4; 9,1-13

Die Kindheit und die Jugend sind wichtige Abschnitte unseres Lebens, und jetzt, während ich älter werde, denken mein Mann und ich oft daran zurück. Es gibt Erlebnisse, Szenen und Orte, die uns noch lebendig vor Augen stehen. Einmal kam mein Mann ins Erzählen und schwärmte von seiner Kindheit. Gerne erinnerte er sich an das Haus, in dem er zusammen mit den Großeltern gewohnt hat. Vor allem liebte er den Garten mit dem kleinen Rasenplatz, die Kirschen und Johannisbeeren, die jeden Sommer dort geerntet wurden. Aber auch die Katzen waren seine Spielgefährten. Mit seinem Großvater unternahm er oft große Spaziergänge. Er zeigte und erklärte ihm die Bäume, Tiere und Felder. Auch an den Besuch bei seinem Onkel in Berlin kurz vor Kriegsbeginn erinnerte er sich, und dann an Freunde, Schulkameraden und die Schulzeit. Vieles davon fiel in die Zeit des Zweiten Weltkriegs. Dennoch hatte er eine bewahrte und interessante Kindheit und Jugend. Doch nicht jeder ist bei seinem Rückblick auf die Jahre seines jungen Lebens erfreut. Mancher möchte gar nicht daran erinnert werden, und für ihn gibt es Zeiten und Ereignisse, die er am liebsten ganz aus dem Gedächtnis verdrängen möchte.

An einem wunderschönen Abend, als mein Mann und ich zusammensaßen, kamen wir ins Gespräch über einen Mann im alten Testament, dessen Kindheit von einem schrecklichen Schicksalsschlag geprägt war. Mephiboschet gehört nicht zu den bekannten Personen, über die die Bibel erzählt, wie etwa Abraham, Jeremia, Petrus oder Paulus. Nur wenige Verse berichten über ihn und sein Lebensgeschick. Dennoch ist es lohnenswert, sich damit zu beschäftigen. Von ihm gilt, was Bert Brecht einmal so ausdrückte: „Aber die im Dunkeln sieht man nicht." Sein Leben war zunächst ein Leben im Schatten. Wie kam es dazu? Er war doch als Enkel eines Königs geboren. Sein Vater Jonathan, der Sohn des ersten Königs von Israel, war ein vorbildlicher Mensch. Sicher hat Mephiboschet die ersten Jahre seiner Kindheit glücklich verbracht. Doch dann fielen die Schatten der Geschichte über sein Leben. Es gab einen Tag, der war so schrecklich, dass jedem, der ihn erlebte, eine schmerzvolle Erinnerung zurückblieb. In einer Schlacht kamen Saul und seine Söhne um. So verlor der kleine Mephiboschet an einem einzigen Tag Vater und Großvater und damit seine königliche Stellung, sein Ansehen und seine Achtung. Sicher begriff er in dem Augenblick die ganze Tragweite des Geschehens gar nicht. Doch etwas ganz Schlimmes betraf ihn unmittelbar. Als sein Kindermädchen die Hiobsbotschaft vernahm, rannte sie mit dem Jungen auf dem Arm in Panik davon. Dabei ließ sie das Kind fallen und es trug einen bleibenden Schaden davon. Fortan waren seine beiden Füße verkrüppelt.

Doch es blieb nicht bei der körperlichen Beeinträchtigung. Dies kann für ein Kind schon schlimm genug sein. Der kleine Junge konnte nicht mehr spielen und sich fortbewegen, rennen und laufen, klettern und springen wie seine Altersgenossen. Hinzu kam im Laufe der Zeit die innere Wunde, das seelische Trauma, das solch ein Geschehen hinterlässt. Immer war er der Knabe, der ohne Vater aufwuchs. Wo er ihn als Heranwachsender so dringend gebraucht hätte, war er nicht da. Auch war er der Nachkomme eines gescheiterten Königs, dessen Familie zur Bedeutungslosigkeit herabsank. So blieb ihm wohl nichts anderes übrig, als auch sein eigenes Leben in der Bedeutungslosigkeit zu führen, sich dahin zurückzuziehen, wo er weithin ungesehen und unerkannt dahinleben konnte. Verglichen mit seiner einstigen Stellung war seine Lebensqualität auf einen Tiefpunkt gesunken. Das wird deutlich, wenn wir uns vor Augen halten, wo er wohnte. Der Ort hatte einen seltsamen Namen: Lo Dabar. Übersetzt heißt das „wortlos". Sicher war der Name bezeichnend für diesen Ort. Seine Bewohner waren wohl keine stummen Leute, aber es mögen sich diejenigen dort angesiedelt haben, die nicht viel miteinander sprachen und wohl auch nicht gern angesprochen werden wollten. Hier konnte er leben, ohne auf seine Vergangenheit hingewiesen zu werden, hier genügte es, wenn man sich über das Nötigste verständigte. Oder war der Name ein noch viel schlimmeres Omen? Konnte es sein, dass auch kein Wort des lebendigen Gottes an diesen Ort und zu diesen Menschen drang?

Leben im Schatten mit verminderter Lebensqualität und ohne Gespräch mit den Menschen, ein Leben ohne Beziehung zu dem lebendigen Gott und seinem Wort, das ist ein „Lo Dabar", das auch heute viele Menschen kennen. Doch das Ergehen von Mephiboschet zeigt uns, dass es nicht dabei bleiben muss. Leben im Schatten ist kein unentrinnbares Schicksal. Wir haben einen Gott, der uns Lebensqualität schenken will.

So gab es wieder einen Tag, der schicksalswendend für Mephiboschet werden sollte. In den Ort des vom Leben schwer Gezeichneten kam eine Botschaft.

Ich denke dabei an eine ältere Frau, die bei uns wohnte. Sie war psychisch krank, von ihren Angehörigen abgeschrieben und einsam. Täglich fragte sie, ob Post für sie angekommen sei. Doch immer blieb der Briefkasten leer. Erst als sie gestorben war und wir ihrem Bruder den Tod mitteilten, war er sofort zur Stelle, um ihre Uhr, die Waschmaschine, ihre Kleider und sonstigen Möbel abzuholen. Ähnlich mag es Mephiboschet ergangen sein. Oder wollte er vielleicht nicht mehr angesprochen werden?

Doch eines Tages eilte der Bote von König David, dem neuen Herrscher, nach Lo Dabar, in diesen verlassenen Winkel des Reiches. Was hatte das zu bedeuten? Wa-rum hatte man seine Adresse ausfindig gemacht? Sollte es eine letzte Rache an Saul sein, der David einst das Leben so schwer gemacht hatte? Wollte David sichergehen, dass nicht eines Tages ein Nachkomme des Hauses Saul Anspruch auf den Thron erhebt? Mephiboschet konnte es sich kaum vorstellen, dass dies etwas Gutes zu bedeuten hatte.

Und dann kommt der Augenblick dieser denkwürdigen Begegnung. Mephiboschet steht, nein, er fällt nieder vor dem König. Was er hört, ist unfasslich. Er soll erfahren, wie barmherzig David ist. Er soll wieder in die Rechte und in den Besitz eines Königskindes eingesetzt werden. Das alles, weil David einmal der engste Freund seines Vaters war. Doch das war zu viel des Guten, das war zu unerwartet, das konnte Mephiboschet nicht begreifen. Unerhört war dies, was ihm da gesagt wurde. Es brachte ihn fast in eine Krise. Wie sollte er die Güte eines Menschen fassen, der ihm noch so fremd war und der dies gar nicht nötig hatte? Denn was sollte David mit ihm anfangen, einem kleinen Jungen, der seine Beine nicht bewegen konnte? Voll versorgt sollte er am Königshof werden.

Wieder steht mir ein Mensch vor Augen, dem ich vor einigen Jahren begegnete. Es war eine junge Frau, die eine notvolle Kindheit und Jugend hinter sich hatte und zum Glauben an Christus gekommen war. Ja sie hatte sogar den Ruf in den vollzeitlichen Dienst für Gott erhalten. Nun lebte sie schon eine kurze Zeit mit anderen Christinnen zusammen, die auch ein Leben im Dienst Gottes führen wollten. Aber in ihr bauten sich Barrieren auf. Gerade wenn ihre Mitschwestern besonders freundlich zu ihr waren, wandte sie sich ab und weinte für sich allein. Die andern begriffen diese Haltung nicht. Ich hörte davon und wollte es den jungen Diakonissen erklären. Diese junge Schwester war ganz darauf eingestellt, sich in liebloser Umgebung durchzuschlagen. Es brauchte erst eine gewisse Zeit, bis sie es lernte, mit Güte und Freundlichkeit zu leben. Sie musste innere Abwehrmechanismen, die sie zum Selbstschutz in ihrer Kindheit und Jugend errichtet hatte, abbauen. Es galt umzusetzen, dass es auch Liebe und gegenseitiges Vertrauen gibt, dem man sich hingeben kann.

Das war auch für Mephiboschet ein Lernprozess. Die Begegnung mit dem König löste diese Krise aus. So rief er aus: „Wer bin ich, dass du dich einem toten Hund, wie ich es bin, zuwendest?" Er konnte sich nur in großer Selbstverachtung sehen. Mit dieser Rolle hatte er sich scheinbar abgefunden. Aber diese Krise wendete sich dennoch zum Guten, weil David von Herzen gütig war. Mephiboschet lernte allmählich zu begreifen, was wiedergewonnene Lebensqualität bedeutete. Worin bestand sie?

Zunächst hatte sie eine ganz praktische Seite. Sie war fühlbar und schmeckbar. Mephiboschet zog an den Königshof, erhielt seinen Besitz zurück, und damit war sein Unterhalt gesichert. Er wurde sogar täglicher Gast am Tisch des Königs. Er saß bei David, den hohen Beamten der Regierung, den Offizieren des Heeres und den fremden Diplomaten, die zu Gast geladen waren, ohne eine Gegenleistung erbringen zu müssen. Doch an einem solch königlichen Tisch wurden nicht nur besondere köstliche Speisen aufgetragen, und man kam auch nicht nur mit hochgestellten Persönlichkeiten ins Gespräch. Denn es war kein Königshof wie jeder andere. Es war das Haus des Königs, der von Gott eingesetzt war. An seinem Tisch wurden nicht nur politische und wirtschaftliche Fragen erörtert. Der König war ein Dichter. Er sang Lieder zur Ehre seines Gottes. Hier konnte man etwas erfahren von dem Gott, der Gebete erhörte, der Sünde vergab, der barmherzig und gnädig war, den man loben durfte und vor dem man sein Herz ausschütten konnte. So herrschte am Hofe Davids nicht Wortlosigkeit wie in Lo Dabar. Hier wurde das eine Wort laut, das Leben verwandelt und erneuert, das Wort des lebendigen Gottes. Hier musste man nicht krampfhaft um neues Selbstwertgefühl ringen, sondern konnte erfahren, dass unser Wert darin besteht, dass wir zu Gott gehören. Der schweigsame Mund des Mephiboschet konnte wieder reden. Er schüttete vor Gott sein Herz aus und lernte zu bitten und zu danken.

Wenn man an die Tafel Davids denkt, fällt einem noch ein anderer ein, von dem wir vieles wissen und der auch vieles geschrieben hat. Seine Werke sind nicht ganz leicht zu verstehen, und Generationen von

Theologen haben sich damit beschäftigt. Doch es gibt auch eine Sammlung von Worten, die leicht zu begreifen sind. Sie entstanden, weil er ein offenes Haus für Menschen hatte und sie zum Essen einlud. Es sind Martin Luthers Tischgespräche. Er hatte wie kein anderer darum gerungen, wie man vor Gott recht dasteht und angenommen wird, und hatte erfahren: Die Gnade Gottes macht uns gerecht. Sie beschenkt uns. Das erfuhr auch Mephiboschet. Er konnte sich schließlich so von Gott beschenken lassen, wie David ihn beschenkt hatte.

Doch ein letzter kleiner Satz in dem Bericht über Mephiboschet darf nicht unterschlagen werden: „Und er war lahm an seinen beiden Füßen." Vieles, ja das Entscheidende in seinem Leben war verändert. Doch etwas war zurückgeblieben. Seine Füße waren noch so verkrüppelt wie am ersten Tag, als die Amme ihn hatte fallen lassen. Daran hatte auch der Ehrenplatz am Tisch des Königs nichts geändert. Aber diese bleibende Lebenslast war nun nicht mehr bestimmend für seine Stellung vor Gott, vor Menschen und vor sich selber. So haben auch wir Menschen unsere Merkmale. Sie mögen ganz verschieden sein, aber sie sind nicht mehr stark bedeutende Fakten des Lebens. Täglich von Gottes Güte zu leben, ist das ungleich Größere.

Warum belässt uns Gott manche Narben und Konflikte in unserem Leben? Er könnte sie uns auch abnehmen. Es hilft uns nicht, wenn wir uns täglich von ihnen bedrücken lassen. Vielmehr dürfen wir aufblicken zu Gottes Güte. Es ist Gottes Geheimnis, warum manche schwerer an ihrer Lebenslast tragen müssen als andere. Diese Tatsache erinnert uns an eine Wahrheit, die das Neue Testament uns vor Augen stellt. Wir sollen bedenken, wie es der Dichter einmal sagt: „Dass diese arme Erde nicht unsere Heimat ist." Wir werden einmal nach den Worten Jesu „zu Tische sitzen im Reiche Gottes", im Reich seiner ewigen, vollendeten Herrlichkeit, in einer neuen Leiblichkeit und einem Leben ohne Sünde und Leid, wo Gott alle Tränen von unseren Augen abwischen wird. Diese Hoffnung verleiht unserem Leben in dieser Welt eine unverzichtbare Qualität.

Eine unglaubliche Geschichte

In Limbach-Oberfrohna bei Chemnitz, einer Kleinstadt von etwa 25000 Einwohnern, spielte sich eine filmreife Szene ab, wie sie in Hollywood nicht besser hätte dargestellt werden können. Mitten in der Nacht schießt ein Auto mit überhöhtem Tempo auf eine Kirche zu und landet in einem hohen Bogen von sieben Metern auf dem Dach des Gotteshauses. Der Fahrer hatte auf einer geraden Straße die Kontrolle über sein Fahrzeug verloren, ein Geländer durchbrochen und war eine Böschung hinaufgerast. In der gerade frisch renovierten Kirche schlägt das Auto ein großes Loch in das Dach und bleibt dort liegen. Der noch recht junge Fahrer von 23 Jahren überlebt schwer verletzt diesen spektakulären Unfall. Die Böschung muss wie ein Schanzentisch gewirkt haben, sonst hätte der Wagen diese Höhe und Weite gar nicht erreicht. Die Menschen in der Nähe der vierhundert Jahre alten Kirche werden durch den lauten Aufprall aus dem Schlaf gerissen und eilen zur Unfallstelle.

Auch Pfarrer Schubert hat den Knall vernommen, ist aufgeschreckt und ist sofort zur Stelle. Polizei, Krankenwagen und Feuerwehr werden alarmiert. Mit lautem Tatü, Tata rasen sie herbei. Die Bergung des Schwerverunglückten ist riskant. Wer beten kann, betet für diesen jungen Menschen, der bei allem Unglück doch noch unwahrscheinliches Glück gehabt hat. Gleich mehrere Schutzengel müssen die Hand über ihn gehalten haben. Mit Hilfe eines Krans kann der Fahrer nach stundenlangem Einsatz aus dem Wrack geborgen und in das nächste Krankenhaus transportiert werden. Viele bangen um sein Leben.

Pfarrer Schubert ist erleichtert, als der Rettungssanitäter noch einmal zu ihm kommt und berichtet, dass der Dreiundzwanzigjährige außer Lebensgefahr ist. Zwei Polizisten sind zur Zeit des Unfalls ganz in der Nähe und werden so Zeugen des unglaublichen Geschehens. Sie stehen gerade vor einer Ampel und warten, dass sie auf Grün umspringt. Sie trauen ihren Augen kaum und können es nicht fassen, was sich gerade vor ihren Augen abspielt.

Ohne Frage, das Tempo des Autofahrers ist viel zu hoch. Dass er aber ohne sich zu überschlagen in solcher Höhe auf dem Kirchendach landet, ist unbegreiflich. Viel Benzin und Öl läuft dabei aus.

Auch das ist ein Wunder, dass sich der Treibstoff nicht entzündet. Sonst wäre der Autofahrer nicht mehr gerettet worden und die Kirche wäre ein Opfer der Flammen geworden.

„Im Grunde haben wir zwei Wunder erlebt", meint Pfarrer Schubert. „Der junge Mann hat den Sturz überlebt, und unsere Kirche blieb uns erhalten. Weiterhin können wir in ihr Gottesdienst feiern. Der Innenraum des Gotteshauses wurde nicht beschädigt. Nur mehrere zehntausend Euro wird der Schaden kosten, denn die Balken auf dem Dach und die Ziegel müssen erneuert werden."

Pfarrer Schubert ließ an die Kirchenmauer eine Gedenktafel anbringen, um dieses Wunder nicht zu vergessen. Gott lebt noch und hat seine Hand schützend über diesen jungen Menschen gehalten. Gelobt sei sein Name!

Eine Einsame in großer Bedrängnis

Einsam und ganz allein saß eine junge Frau im Aufenthaltsraum der Klinik. Mehrmals bin ich an diesem Morgen an ihr vorbeigekommen, als ich zum Röntgen gehen musste. Mir fiel auf, dass sie ganz still und in sich versunken dasaß. Die Tür stand offen. Der Fernseher war nicht eingeschaltet und sie las auch keine Zeitung oder in einem Buch. Was mochte sie wohl bewegen? Ich war beunruhigt. So gegen Mittag schaute ich doch noch einmal nach ihr. Die junge Frau hockte immer noch allein da. Inzwischen waren fünf Stunden vergangen. Ich ging auf sie zu und fragte freundlich, ob ich mich zu ihr setzen dürfe. Sie nickte und wies mir einen Stuhl zu.

Nach einigen Minuten begann sie das Gespräch: „Ich habe Sie beobachtet. Sie sind mehrmals an der geöffneten Tür vorübergegangen und waren sicher verwundert, warum ich schon seit so vielen Stunden hier sitze.

Um sieben Uhr bin ich heute Morgen gekommen, und nun ist es schon fast ein Uhr Mittag. Mein Sohn muss hier ambulant an einem Nabelbruch operiert werden. Ich warte hier und kann die Anspannung kaum aushalten. Warum dauert dieser Eingriff so lange? Es wird ihm doch nichts passiert sein. Die Ärzte haben mir versichert, dass ich mir keine Sorgen um Friedhelm machen müsse. Dies sei keine gefährliche Operation. Und doch bin ich in großen Ängsten und sehr aufgeregt."

Ich versuche die Dame zu beruhigen: „Hier in der chirurgischen Abteilung werden oft Notfälle eingeliefert. Dadurch verschiebt sich der Terminplan oft ganz gewaltig. Mir ist es genauso ergangen. Schon vor drei Tagen sollte ich am Arm operiert werden und durfte nichts essen und trinken. Jedes Mal wurde ich am Spätnachmittag vertröstet, dass ich morgen bestimmt an die Reihe käme. Ich habe mich damit eigentlich gut abfinden können, obwohl mich der Durst schon plagte. Aber das Lesen von zwei interessanten Büchern hat mir geholfen. Nun hoffe ich, dass morgen nicht wieder ein Beckenbruch oder ein Unfall dazwischenkommt. Vor einem halben Jahr bin ich durch einen schweren Sturz verletzt worden. Seitdem quält mich mein gebrochener Arm. In letzter Zeit wurden die Schmerzen schlimmer und eine zweite Operation steht nun an. Aber ich bin guter Zuversicht. Hier im Diakoniekrankenhaus haben die Chirurgen geschickte Hände. Ihnen kann man sich gut anvertrauen."

„Genau diese Gewissheit, dass bei meinem Sohn alles gut wird, fehlt mir. Vor zwei Jahren war Friedhelm mit seinem Auto verunglückt. Passanten haben den Notarzt und die Feuerwehr alarmiert und er wurde aus dem Autowrack herausgeschnitten. Das Auto hatte nur noch Schrottwert. Leider überforderte solch ein schwerer Unfall die beiden jungen diensthabenden Ärzte eines kleinen Krankenhauses. Friedhelm hätte in eine Spezialklinik gebracht werden müssen. Das wurde in der Hektik des Geschehens versäumt. Auch der Narkosearzt machte einen gravierenden Fehler und setzte die Dosis bei der Anästhesie viel zu hoch an. Unser Sohn fiel ins Koma und wir bangten um sein Leben. Mehrere Wochen kämpfte er. Er war ja noch so jung, gerade mal 19 Jahre alt. In dieser Zeit fing ich wieder zu beten an. Sie müssen wissen, ich bin keine Kirchgängerin. Denken Sie aber nicht, ich sei gottlos. Was mir meine Oma in Kindertagen an biblischem Wort mitgegeben hat, wurde in mir wieder lebendig. Aber zu einem Durchbruch zu meinem Schöpfer ist es noch nicht gekommen. Und doch bewegt mich die Frage nach Gott. Es fällt mir auch nicht leicht, mein Leben total umzukrempeln. In der Stunde größter Gefahr für meinen Sohn habe ich sogar zu Gott geschrien und auch an seine Hilfe geglaubt. Aber ist dies genug? Wie kann ich nur zum Frieden mit Gott kommen? Dieses bedrohende Ereignis vor zwei Jahren hat bei mir und auch bei meinem Sohn ein Trauma hinterlassen. Von daher werden Sie verstehen, wie viele Ängste mich jetzt wieder bedrängen. Friedhelm muss wieder eine Narkose über sich ergehen lassen. Wird er daraus erwachen?"

Ich begreife die Not dieser Mutter. „Setzen Sie Ihre ganze Hoffnung auf Gott. Er hat Ihren Sohn ins Leben gerufen und will ihn auch erhalten. Auch mir sind solche Situationen nicht erspart geblieben, aber ich nehme dann meine Zuflucht zu den Psalmen. Psalm 91 ist mir dabei sehr eindrücklich. Dort lese ich: *Wer unter dem Schirm des Höchsten sitzt und unter dem Schatten des Allmächtigen bleibt, der spricht zu dem Herrn: Meine Zuversicht und meine Burg, mein Gott, auf den ich hoffe. Er wird dich mit seinen Fittichen decken, und Schutz wirst du unter seinen Flügeln haben. Du musst nicht erschrecken vor dem Grauen der Nacht und vor den Pfeilen, die des Tages fliegen. Denn der Herr ist deine Zuversicht, der Höchste ist deine Zuflucht.*

Und wenn ich an unsere 15 Enkel denke, bin ich glücklich, dass Gottes Hände in Gefahren auch über sie ausgebreitet werden. Schon öfter habe ich Müttern einen wunderbaren Spruch als Widmung in ein Buch geschrieben. Ich will auch jetzt für Sie ein Buch holen und Ihnen diese Gottesworte mitgeben: *Er hat seinen Engeln befohlen über dir, dass sie dich behüten auf allen deinen Wegen, dass sie dich auf den Händen tragen und du deinen Fuß nicht an einen Stein stoßest.* Werfen Sie sich Gott in die Arme. Er wartet schon längst auf Sie. Ihm dürfen Sie ihr Leben anvertrauen. Dann schwinden auch Ihre Ängste."

Ich ging schnell in mein Zimmer und holte mein neuestes Buch mit dem Titel „Hoffnung wird immer groß geschrieben". Ich schrieb als Widmung das schon erwähnte Bibelwort hinein und drückte es ihr dann in die Hand. Fest nahm sie mich in ihre Arme. Aus ihrem Täschchen holte sie ihre Visitenkarte und reichte sie mir. „Vielleicht können wir in Verbindung bleiben. Mich würde es freuen. Sie verstehen mich und haben mir Mut gemacht."

Dann klingelte ihr Telefon. Hastig griff sie danach. Endlich kam die erlösende Nachricht: „Sie dürfen jetzt zu Ihrem Sohn. Die Operation ist vorüber. Es geht ihm den Umständen entsprechend ordentlich. Er liegt auf Zimmer 256." Mit dieser Mutter aber blieb ich in einem guten Kontakt.

Julia

*1.9.1994 – +16.4.2004

Auf einer Freizeit machte ich die Bekanntschaft mit Frieda und Roland Radke, die ein schweres Schicksal zu tragen haben. Hier ist ihr Bericht:

Freitag, der 16.4.2004, ein wunderschöner Frühlingstag in Oberstdorf. Meine Frau und unsere neun Jahre alte Tochter Julia beschließen, an diesem herrlichen Morgen noch einmal mit ihren Skiern aufs Nebelhorn zu fahren. Julia ist für ihr Alter eine hervorragende Skiläuferin. Die Pisten sind hart gefroren. Julia fährt ihrer Mama voraus. Auf einer steilen Passage am Sonngehrenlift stürzt sie und rutscht mehrere hundert Meter talwärts, ohne stoppen zu können. Am Fangzaun, an Felsen und Bäumen vorbei fällt sie über eine 50 Meter hohe Felswand in die Tiefe. Ich halte in dieser Zeit in unserem Gästehaus „Bergfrieden" eine Predigt über ein Bibelwort aus dem Epheserbrief: „Ihr sollt erfahren, dass die gleiche Kraft in euch wohnt, die Jesus Christus von den Toten auferweckt hat." Das Haus „Bergfrieden" ist weit über die Grenzen Deutschlands hinaus bekannt durch den tödlichen Absturz der drei Brüder Krebs am Himmelhorn im Jahre 1956. Ihr Vater war derzeit viele Jahre Heimleiter dieses Hauses. Einer der letzten Sätze meiner Predigt lautete so: „Wer an den auferstandenen

Jesus glaubt, kann auch einmal getrost dem Tod ins Auge schauen."

Mitten in diese Aussage hinein werde ich ans Telefon gerufen. „Julia ist abgestürzt. Wir müssen mit dem Schlimmsten rechnen", teilt mir meine Frau aus dem Büro der Bergwacht mit. Ich fahre zur Nebelhornbahn ins Büro, wo ich eine halbe Stunde ohne eine Information warten muss. Dann erhalte ich die erschütternde Nachricht: „Herr Radke, Ihre Tochter ist tot." Mit dieser Hiobsbotschaft kommen wir nach Hause. In Julias Zimmer finden wir ein Osterei aus Pappkarton. Darauf ist das leere Grab von Jesus gemalt. Darunter hat sie noch am Morgen den vorgedruckten Satz ausgemalt: „Jesus sagt: Ich bin die Auferstehung und das Leben. Wer an mich glaubt, der wird leben, auch wenn er gestorben ist." (Johannes 11,24)

Die nächsten Stunden sind schrecklich. Das Geschehen ist nicht zu fassen und zu begreifen. Wie ein Lauffeuer wird die Nachricht von Julias Tod hinausgetragen. In den nächsten Tagen erhalten wir unzählige E-Mails, Briefe und Telefonate. Menschenworte können zwar nicht trösten, aber es tut gut, eingebettet zu sein in eine riesengroße Schar von Menschen, die für uns beten. Die Warum-Fragen beschäftigen uns: Warum lässt Gott das zu? Erst vor Kurzem sind wir nach Oberstdorf gezogen, und nun dies? Was wäre, wenn wir in Pforzheim geblieben wären? Es gibt auf die vielen Fragen keine Antwort. Mir kommt Hiob in den Sinn, der sagen konnte, nachdem ihm alles genommen wurde: „Der Herr hat's gegeben, der Herr hat's genommen. Der Name des Herrn sei gelobt!"

Am Tag der Beerdigung nehmen Hunderte von Trauergästen von Julia Abschied. Viele Tränen fließen. Einige ihrer Klassenkameradinnen können es am Grab nicht aushalten. Aber wir sind nicht allein. Aus unserer früheren Gemeinde in Pforzheim, in der ich Stadtmissionar war, kommen viele Freunde. Sie haben Urlaub genommen und ihre Kinder vom Schulunterricht befreien lassen, um mit uns diesen schweren Weg zu gehen, für uns da zu sein und für uns zu beten. Was uns in den folgenden Tagen am meisten stärkt und tröstet, ist die Tatsache, dass Jesus den Tod besiegt hat. Er ist auferstanden und lebt. Wir dürfen fest glauben und wissen, dass Julia jetzt bei ihm in der Ewigkeit ist. Wie arm wären wir dran, wenn wir nicht diese Gewissheit hätten. Unvorstellbar groß wäre der Schmerz ohne diese lebendige Hoffnung. So aber können wir bezeugen: Jesus lebt! Er ist auferstanden! Er ist die Wahrheit! Wir dürfen diese Kraft erfahren. Über allem Leid und Schmerz ermöglicht er uns das Weiterleben und schenkt uns Stück um Stück neue Lebensqualität und Freude. Was wären wir ohne ihn und die vielen Menschen, die für uns beten und mit uns diese Last tragen.

Was ist das Leben? Diese Frage kam durch Julias plötzlichen Tod ganz nah an uns heran. Wie schnell kann unser Leben vorbei sein. Eines aber ist klar: Mit dem Tod ist nicht alles aus. Er ist nur Durchgang in die wunderbare Herrlichkeit Gottes. Seine neue Welt steht für uns offen. Und das Wort Jesu gibt uns Hoffnung: *Ich bin die Auferstehung und das Leben. Wer an mich glaubt, wird leben, auch wenn er gestorben ist.*

Judas der Verräter

Matthäus 26,45b-50:

Siehe, die Stunde ist da, dass der Menschensohn in die Hände der Sünder überantwortet wird. Steht auf, lasst uns gehen! Siehe, er ist da, der mich verrät. Und als er noch redete, siehe, da kam Judas, einer von den Zwölfen, und mit ihm eine große Schar mit Schwertern und mit Stangen von den Hohenpriestern und Ältesten des Volkes. Und der Verräter hatte ihnen ein Zeichen genannt und ihnen gesagt: Welchen ich küssen werde, der ist's, den ergreift. Und alsbald trat er zu Jesus und sprach: Sei gegrüßt, Rabbi, und küsste ihn. Jesus aber sprach zu ihm: Mein Freund, dazu bist du gekommen? Da traten sie heran und legten Hand an Jesus und ergriffen ihn.

Schon seit meiner Jugend habe ich die gute Gewohnheit entwickelt, jeden Morgen eine Zeit der Stille einzuplanen. So lese ich fortlaufend ein oder mehrere Kapitel aus meiner Bibel. Heute beschäftige ich mich mit den oben zitierten Versen aus dem Matthäusevangelium. Bis zum letzten Abendmahl hat Jesus seinen Jüngern verborgen, welch eine schwere Leidenszeit vor ihm liegt. Dreimal hat er zwar Andeutungen darüber gemacht; aber diese wurden von den Jüngern nicht verstanden. Nun nimmt Jesus die Gelegenheit bei dem letzten Abendmahl wahr, seinen Jüngern zu verkündigen, welch leidvolle Wegführung ihn nun erwartet: *Der*

Menschensohn wird in die Hände der Sünder überantwortet. Einer unter euch wird mich verraten. Es ist schon bedrückend, dass für den Beginn seines Weges ans Kreuz nicht die Feinde allein dazu herhalten, Jesus ans Messer zu liefern, sondern Judas, sein Freund. So nimmt der Weg nach Golgatha seinen Anfang mit dem Verrat eines Jüngers. Einer aus seiner nächsten Gefolgschaft wird ihm zum Feind. Anstatt dass er über seinen Meister schützend seine Hände erhebt, liefert er ihn einer wilden Horde aus, die nur auf seinen Tod bedacht ist. Sie wollen ihn gefangen nehmen, verspotten, anspucken, schlagen, foltern und ihm schließlich die Dornenkrone aufsetzen. Sein eigener Jünger lässt sich zu einer solch brutalen Tat überreden.

Es ist erstaunlich und für mich kaum fassbar, dass Jesus sich aus freiem Willen der Gefangennahme durch den Pöbel nicht entzieht. Mit großer Entschlossenheit teilt er seinen Jüngern mit: *Steht auf und lasst uns gehen! Siehe, der mich verrät, ist da.* Sein Blick ist nicht auf die Schar der Soldaten gerichtet, sondern auf seine Jünger. Jesus weiß, diese jungen Männer, die zu solch brutalem Tun angeworben wurden, hätten keine Macht, sondern er schaut allein auf den, der diese verheerende Übeltat angezettelt hat. Seine Jünger sollen sehen, wer sein eigentlicher Feind ist. Nie hätten sie geahnt, dass einer aus ihrer Mitte zu solch frevelhaftem Tun in der Lage ist.

Als Jesus ihnen mitteilte, dass einer unter ihnen ihn verraten würde, hat keiner Judas im Blickfeld gehabt. Solch ein schäbiges Verhalten hätten sie niemandem aus ihrem Kreis zugetraut. Deshalb stellen sie ihrem Meister die Frage: *Bin ich's, bin ich's?* Judas war ja ihr Bruder in der Jüngerschar. Aber in der Stunde der Gefangennahme tritt ans Licht, wer Judas wirklich war. Hatte sich Jesus geirrt, als er seine Berufung aussprach? Er hat ihn doch gewollt und erwählt.

Ja, er hat es gewusst; denn bei Johannes lesen wir von Jesus: *Habe ich nicht euch zwölf erwählt, und einer ist ein Teufel?* Ist das überhaupt möglich, dass dem Gottessohn solch ein Missgeschick widerfährt? Er hat ja Judas nicht nur in seine Nähe berufen, sondern ihm auch seine ganze Liebe gezeigt und ihm Einblick in sein Leben gewährt. Er hat ihm auch Vollmacht zugedacht, als er mit den andern Jüngern ausgesandt wurde, das Evangelium zu verkündigen, ja sogar Teufel auszutreiben und Kranke zu heilen. Judas wurde von Jesus wie jeder andere Jünger gleich behandelt, und er bekam noch ein besonderes Amt: Er verwaltete die Kasse. Nun aber verrät er seinen Meister mit einem Kuss. Wie niederträchtig ist sein Vorgehen. Ein Kuss soll doch unserer Liebe Ausdruck geben, hier aber dient er dem Gottessohn für sein Sterben.

Das ganze dunkle Geheimnis des Judas und zugleich das tiefe Entsetzen vor seiner Tat werden hier vor unseren Augen offenbar. Sein Handeln ist eigentlich unmöglich, aber doch wahr. Verstehen kann ich dies nicht. Es ist unbegreiflich und durch nichts zu erklären. Rätsel tun sich mir auf. Dabei hat sich doch Judas die Nachfolge etwas kosten lassen. Er hat seinen bisherigen Lebensraum verlassen, um Jesus nachzufolgen.

Sein Herr hat ihn sogar Freund genannt, und er war Tag und Nacht in der Nähe seines Meisters. Aber seine Geldgier hat ihn für die Liebe seines Herrn blind werden lassen. Für dreißig Silberlinge hat er Christus an seine Feinde ausgeliefert. Jesus und Judas sind hier durch einen Kuss verbunden. Diese Tatsache ist ungeheuerlich.

Die Frage Jesu lässt uns nicht los: *Judas, verrätst du den Menschensohn durch einen Kuss?* Bonhoeffer sagt zu dieser Textstelle: „Es ist gewiss oberflächlich zu sagen, der Kuss sei eben die übliche Begrüßungsform gewesen. Dieser Kuss war mehr als das! Er war die Vollendung des Weges von Judas, der tiefste Ausdruck für die Gemeinschaft und für die abgrundtiefe Trennung von Jesus und Judas."

Und noch gibt Jesus sein Liebeshandeln nicht auf. In dieser Stunde, da alle Würfel gefallen sind, nennt er Judas *mein Freund* und lässt sich seinen Kuss gefallen.

Dies ist Jesu letztes Liebeswerben. Der Judaskuss macht deutlich, dass der einstige Jünger von seinem Herrn nicht loskommt, sich aber dennoch vom Bösen unterkriegen lässt. Nun treten die Häscher zu Jesus heran und nehmen ihn gefangen.

In einem Lied heißt es: „Ich bin's, ich sollte büßen an Händen und an Füßen, gebunden in der Höll'.

Die Geißel und die Banden, und was du ausgestanden, das hat verdienet meine Seel."

Tragisch verläuft nun das Leben des Judas. In der

Stunde, da Jesus am Kreuz ausruft: *Es ist vollbracht!* und er unsere Rettung von Sünde, Tod und Teufel vollendet hat, bleibt für Judas nur der Tod durch Erhängen. Seine Reue war unaufrichtig und kam zu spät. Die Gnadenstunde hat er verpasst. Sollten wir nicht auch an dieser Stelle verzweifelt ausrufen: „O, du armseliger Judas? Was hast du getan?" Uns aber bleibt der Ausweg. In unserer Sündhaftigkeit dürfen wir uns unter das Kreuz Jesu retten und Zuflucht bei unserem Herrn Jesus Christus suchen.

Professor Bornhäusers außergewöhnliche Vorlesung

An der Marburger Universität lehrte in der ersten Hälfte des 20. Jahrhunderts Professor Karl Bornhäuser. Er war ein bedeutender Wissenschaftler. In seinem persönlichen Leben war er ein schlichter, einfacher, aber tief gläubiger Mensch. Praktische Theologie war sein Lehrfach. Dazu gehörten Homiletik, Katechetik und Seelsorge. Außerdem hat er sich eingehend mit der Auslegung des Neuen Testaments beschäftigt. Dabei zog er zum besseren Verständnis die Quellen des Judentums zur Zeit Jesu heran. Bekannt geworden sind vor allem seine Bücher über die Bergpredigt, die Kindheitsgeschichte Jesu und die Leidens- und Auferstehungsgeschichte. Er bietet eine bibeltreue Exegese, die durch gründliche wissenschaftliche Untersuchungen untermauert ist. Ein Erlebnis, von dem einer seiner Studenten berichtet, hat mich persönlich stark bewegt.

An einigen Tagen der Woche hielt Professor Bornhäuser nachmittags von 14 bis 15 Uhr eine Vorlesung über die Leidensgeschichte Jesu. An einem Tag war er bei der Darstellung der Kreuzigung angelangt. Er betrat das Pult, schlug sein Manuskript auf und begann seinen Vortrag. Doch schon nach wenigen Sätzen hielt er inne. Tränen traten ihm in die Augen. Er konnte nicht weiterreden. Schweigend schloss er sein Manuskript, steckte es in die Aktentasche und verließ, ohne ein Wort zu sagen, den Hörsaal.

Selbst die ergreifendsten Worte über das Sterben Jesu auf Golgatha hätten keine größere Wirkung zeigen können als dieses stille Bekenntnis eines Mannes, der im Innersten vom Leiden und Sterben Jesu berührt war.

Der Professor, der so sehr vom gekreuzigten Christus bewegt war, glaubte genau so an die machtvolle Auferstehung Jesu. Als er im Jahr 1947 starb und kurz danach auch seine Gattin von Gott heimgerufen wurde, fanden sie beide ihre letzte Ruhestätte auf dem Marburger Friedhof. Dort kann man heute noch auf ihrem Grabstein lesen: „Hier warten auf die Auferstehung der Toten Karl Bornhäuser und Ehefrau."

Wie Perlen an einer Schnur

Heute habe ich einen ermutigenden Telefonanruf erhalten. Eine Frau aus der Eifel wollte mich sprechen und gleich fünf Exemplare meines neuesten Buches bestellen. Ich wunderte mich darüber, denn der Name der Anruferin war mir fremd. Sie stellte sich mir vor und fügte gleich hinzu: „Frau Bormuth, ich kenne Sie. Vor einer Reihe von Jahren waren Sie Rednerin im Freizeitheim Krebs in Oberstdorf. Ich habe mit meinem Mann an dieser Tagung teilgenommen. Sie behandelten damals das Buch Hiob und berichteten darüber, wie unsere Trauer in Freude verwandelt werden kann, wie Gott uns tröstet und wie wir schließlich mit Hiob ausrufen können: ‚Ich weiß, dass mein Erlöser lebt.' So wurde mir in Oberstdorf der leidende Hiob zu einer Glaubensstärkung. Seitdem lese ich immer wieder diese Kapitel im Alten Testament. Vor allen Dingen habe ich mit großer Aufmerksamkeit Ihren Beispielen aus dem täglichen Leben gelauscht, die Sie in Ihre biblischen Auslegungen eingeflochten haben. Mein Mann hat mich zu dieser Freizeit begleitet und auch an allen Bibelarbeiten teilgenommen, obwohl er noch kein Christ war. Aber die Geschichte des Hiob hat ihn interessiert. Das war damals im Mai.

Vier Monate später erkrankte mein Mann schwer. Die Diagnose des Arztes lautete Krebs. Wir waren beide sehr erschrocken. Höchstens zwei Jahre wurden ihm an Lebenszeit prophezeit. Es folgten anfechtungsreiche Monate, aber sie wurden für meinen Mann zur Herausforderung, sein Leben an Christus auszuliefern. In einem seelsorgerlichen Gespräch übereignete er sich Jesus. Für mich ging damit ein Gebet in Erfüllung. Mehrere Jahre habe ich nämlich zu Gott gerufen, er möge doch auch meinen Mann in seine Gemeinschaft ziehen. Dazu dienten auch die Tage in Oberstdorf, denn er fing danach an, die Bibel zu lesen und mich in die Gottesdienste zu begleiten. Bei aller Traurigkeit über die bedrohliche Erkrankung meines Mannes lag doch ein stiller Glanz über seinem Heimgang in Gottes neue Welt. Heute möchte ich Ihnen, liebe Frau Bormuth, für Ihren Dienst in Oberstdorf danken."

Das Gespräch am Telefon hat mich glücklich gemacht. Es ist mir immer ein Wunder, wenn ein Mensch zu seinem Schöpfer heimfindet. Gleich am nächsten Tag habe ich dieser Anruferin die fünf gewünschten Bücher geschickt. „Wie Perlen an einer Schnur" lautet der Titel dieser Neuerscheinung. Wieder wurde eine kostbare Perle in die Kette eingefädelt. Solch ein Handeln meines Herrn wird mir zum Anlass, weiter theologisch zu arbeiten und Bücher über den Glauben zu verfassen.

Es gibt kein größeres Geschenk als mitzuerleben, wie das Wort von Gott in das Herz eines Menschen fällt und dann Frucht bringt.

Tränen in der Stille

Schreckliches hat sich in unserem Haus zugetragen. Zwei unserer Mitbewohner waren in einen Streit geraten. Dazu hat der Alkohol mächtig beigetragen. Zunächst wechselten die beiden heftige, böse Worte, dann flogen die Fäuste, und schließlich erlitt der jüngere eine Stichverletzung am Bein. Notarzt, Krankenwagen und die Polizei waren schnell zur Stelle. Der Verletzte wurde noch in seinem Zimmer ärztlich versorgt und dann in die Klinik zur weiteren Behandlung abtransportiert. Dem 52-jährigen Täter legte die Polizei Handschellen an und führte ihn ab. Das Messer wurde sichergestellt.

Mein Mann, der die drei Autos vor dem Haus gesehen hatte, war sofort zur Stelle und ließ sich von den Ordnungshütern informieren. Wir waren nur froh, dass an diesem besonders kalten Wintertag mit tiefen Minusgraden kein Mensch auf der Straße war. Denn ein Hausbesitzer ist nicht gerade glücklich, wenn sich ein derartiger Vorfall bei ihm ereignet und die Nachbarn davon Kenntnis nehmen.

Am nächsten Tag aber mussten wir gleich auf der zweiten Seite der Tageszeitung in großen Lettern lesen: „Siebenundzwanzigjähriger mit Messerstichen am Bein verletzt." Ich stürzte mich auf diesen Artikel und war entsetzt, dass sogar unsere Straße darin erwähnt wurde. Nun wusste die ganze Stadt vom Ort des Geschehens, zumal unser Weg wohl der kürzeste in ganz Marburg ist. Wie sorglos geht doch die Presse mit derlei Berichterstattung um. Unsere Nachbarn wissen zwar, dass wir sozial schwache Menschen bei uns aufnehmen und ihnen ein Dach über dem Kopf bieten. Aber muss denn eine solch böse Nachricht weit gestreut werden? Sicher nicht, zumal sich kurz darauf ergab, dass diese Auseinandersetzung keine bedrohliche Auswirkung hatte. Die Wunde wurde verbunden und der Verletzte konnte daraufhin das Krankenhaus wieder verlassen. Auch der Täter kam am nächsten Tag aus der Ausnüchterungszelle wieder nach Hause.

Bei dem Redakteur der Presse habe ich mich über seine Berichterstattung beschwert. Sind meine Worte bei ihm wohl auf fruchtbaren Boden gefallen? Ich weiß es nicht. Am anderen Morgen bat ich unseren Mieter zu mir. Ich war erschrocken, als der Täter zur Tür eintrat. Wie ein Häufchen Elend saß er in unserem Wohnzimmer. Er konnte kaum reden, auch als ich ihn ermutigte, mir den Tathergang zu erzählen. Da er zudem nur gebrochen Deutsch spricht – er stammt aus der Ukraine –, erfuhr ich nur bruchstückhaft, wie es zum Streit gekommen war. Natürlich tat mir der Mann leid. Was wird nun auf ihn zukommen?

Als er vor Monaten in unser Haus einzog, habe ich mich über ihn gefreut. Er war sehr hilfsbereit, kehrte die Straße und wollte auch den Garten im Herbst umgraben. Als wir den Aufgang ins Untergeschoss streichen wollten, hat er uns den Pinsel aus der Hand genommen. Wunderbar weiß strahlte die Wand hernach. Öfter brachte er mir auch russische Salate zum Kosten in die Küche. Scharf waren sie, mit viel Pfeffer und Knoblauch gewürzt. Er nannte mich immer Mutti, und ich ließ mir diese Anrede gerne gefallen. Dass er gelegentlich zum Alkohol greift und über den Durst trinkt, habe ich nicht geahnt. Im nüchternen Zustand wäre er nicht ausgerastet und auf seinen Mitbewohner losgegangen. Der andere war aber genauso betrunken und hat ihn mit hässlichen Beschimpfungen herausgefordert.

Ich selbst war über diesen Zwischenfall in unserem Haus sehr beunruhigt. An diesem Morgen habe ich viele Tränen geweint. Mir tat Viktor sehr leid. (Der Name ist geändert.) Er hat zwei wunderbare tüchtige Söhne, die gerade studieren. Nun werden sie sicher erfahren, was ihr Vater getan hat. Auch eine Menge anderer Leute hören nun, was sich bei uns abgespielt hat. Was soll ich nur tun? Soll ich dem Täter eine Kündigung aussprechen? Das bringe ich nicht übers Herz. Damit wäre ihm auch nicht geholfen. Ich werde versuchen, einen Antrag für eine Entzugsklinik zu stellen. Alkoholismus ist eine Krankheit. Diesem Mann muss geholfen werden. Außerdem habe ich mir eine wunderschöne Spruchkarte ausgesucht. Darauf steht das Jesajawort: *Fürchte dich nicht, denn ich habe dich erlöst; ich habe dich bei deinem Namen gerufen:*

Du bist mein. In großen Buchstaben werde ich „Viktor" darüberschreiben. Über meinem Bett findet die Karte ihren Platz. Wenn ich morgens erwache, fällt mein Blick zuerst darauf, und ich werde zum Gebet für meinen Mieter aus der Ukraine ermutigt. Darin liegt für ihn wohl die beste Hilfe. Vom Gebet geht erneuernde Kraft aus. Voller Freundlichkeit und Zuversicht will ich ihm begegnen. Die Arme Jesu stehen auch für ihn offen.

Fünfzehn rote Rosen

Das ist heute nicht mein Tag. Draußen ist es bitter kalt. Das Thermometer zeigt minus 17 Grad an und in der Tagesschau wurde noch berichtet, dass es die kälteste Nacht in Deutschland war. Oberstdorf meldete sogar minus 28 Grad. Da möchte ich am liebsten unter der warmen Decke liegen bleiben, bis unser Kamin das Zimmer erwärmt hat. Trübe Gedanken wollen mir noch dazu das Herz schwer machen. Die eigene Schwäche raubt mir den Mut. Viermal bin ich im letzten halben Jahr operiert worden und lag in der Klinik. Müde und schwach fühle ich mich noch immer. „Lotte, was soll bloß aus dir werden", frage ich mich. „Werde ich mich je wieder von meinem Unfall erholen können? Nun kann ich wohl keine Termine für Frühstückstreffen und Freizeiten mehr annehmen. Trostlos wird die Zeit werden, die vor mir liegt. Nein, das Leben ist nicht mehr schön. Wie gerne bin ich zu Seniorennachmittagen und Frühstückstreffen gefahren." Der Weg konnte gar nicht weit genug sein. Mehrmals habe ich sogar das Flugzeug benutzt und bin nach Berlin, nach Kanada und Taiwan geflogen. Schlimm sind solch trübsinnige Gedanken. Im Grunde bringen sie mich keinen Schritt voran.

Aber wie gut, dass ich im Laufe meines Christseins gute Gewohnheiten entwickelt habe. So greife ich auch heute zu meiner Bibel und lese den Text da weiter, wo ich gestern stehen geblieben bin: *Ich danke meinem Gott und gedenke dein allezeit in meinem Gebet, nachdem ich höre von der Liebe und dem Glauben, welche du hast an den Herrn Jesus und gegen alle Heiligen, dass der Glaube, den wir miteinander haben, in dir kräftig werde durch Erkenntnis all des Guten, das ihr habt in Christus Jesus.* (Philemon l, 4-6) Es ist mir zumute, als würde ich aus meinem Trübsinn herausgerissen. Eine neue Perspektive tut sich vor mir auf. Auch mich will der Herr noch zum Bau seines Reiches brauchen, und meine Liebe soll wieder für meine Glaubensgeschwister entfacht werden. Diese Verse beschäftigen meine Gedanken. Eigentlich ist es doch gleichgültig, welche Arbeiten der Herr mir anvertrauen will. Wichtig ist nur, dass ich seinen Auftrag vernehme, ihn zuverlässig erfülle und mich von seiner Liebe leiten lasse. Diese Verse ermutigen mich, wieder nach vorne zu denken. Nein, ich muss nicht dem nachtrauern, was ich jetzt nicht mehr verrichten kann, sondern ich will mich aufmachen und versuchen, Gutes zu tun, um auch anderen Mut zum Glauben zu machen. Dieser Text macht mich ganz gespannt auf das, was Gott noch mit mir vorhat.

Paulus, der ja in einer verzweifelten Situation steckt, wird mir heute Morgen zum Vorbild. So schreibt er: „Ich bin ein alter Mann und befinde mich zudem noch im Gefängnis. Ich weiß nicht, ob ich je wieder aus diesen schrecklichen, dicken Mauern herauskomme und am Leben bleibe." Aber das Herz des Paulus schlägt auch hinter Gittern für seine Brüder und Schwestern. Er bleibt nicht bei der jetzigen Situation stehen, die ihn in die Verzweiflung treiben müsste. Nein, er denkt an die Gemeinde, wie sie weiter aufgebaut und erneuert werden könnte. So will ich mich auch aufmachen und mich nicht von schwermütigen Gedanken niederdrücken lassen, sondern will mich im Dienst für Gott gebrauchen lassen. Jetzt sind nicht der Reisedienst und die Verkündigung angesagt, sondern das Gebet für Menschen, die Hilfe brauchen. Außerdem liegen viele Briefe auf meinem Schreibtisch. Noch heute fange ich an, sie zu beantworten. Das kann ich tun. Meine Schwachheit reicht noch zum Beten und Schreiben aus.

Und dann erlebe ich eine halbe Stunde später zusätzlich eine kräftige Aufmunterung. Der Postbote klingelt an unserer Tür und liefert meinem Mann ein recht großes Paket aus. „Hat Frau Winter wieder im Internet etwas bestellt?", frage ich ihn. Das passiert häufig, dass wir für die Krankenschwester von nebenan eine Postsendung entgegennehmen, wenn sie gerade Dienst in der Klinik hat.

„Nein", erklärt mir mein Mann, „das Paket ist für dich, Lotte."

„Das kann gar nicht sein", entgegne ich. „Ich erwarte nichts, habe auch nichts bestellt und brauche auch nichts."

Und doch bin ich neugierig und gespannt, wer

denn an mich denkt. Mir ist im Augenblick der Absender wichtig. Aber ich kenne weder den Namen noch den Ort Boxberg. Dort wurde das Paket nämlich abgeschickt. Vorsichtig löse ich die Schnüre und packe die Sendung auf. Zunächst entdecke ich eine große Vase. Daneben liegen Pralinen, und dann, in viel Papier eingepackt, Blumen. Fünfzehn langstielige, rote Rosen! Noch nie habe ich einen so wunderschönen Strauß erhalten. Ich kann mein Glück kaum fassen. Jetzt, im frostigen, kalten Winter eine so herrliche Blumenpracht! Obenauf liegt ein lieber Gruß:

„Liebe Frau Bormuth, auf diesem Weg möchten wir uns einmal ganz herzlich für Ihre wundervollen Geschichten bedanken. Sie sind realistisch, wegweisend und mutmachend. Ihnen wünschen wir viel Kraft, Freude und Gottes reichsten Segen. Herzliche Grüße Ursula und Annemarie Bartsch."

Dass dies ein froher Tag für mich wird, verdanke ich Paulus und auch meinen Blumenspendern. Wie viel Mühe muss schon das Verpacken dieses Blumengrußes bei sibirischen Temperaturen gemacht haben. Heil ist er bei mir angekommen und verwandelt meine Stube in ein kleines Paradies. Fünfzehn rote, langstielige Rosen! Sogar mein Mann ist begeistert.

Während er mir dies zu wissen gibt, werde ich an unsere Hochzeit erinnert. Wenige Minuten bevor wir uns auf den Weg zum Traualtar machten, entdeckte meine Schwiegermutter, dass ich gar keinen Brautstrauß hatte. Schnell lässt sie einige gelbe Rosen aus dem nächsten Blumenladen für mich holen. Mein Mann muss später 16 DM dafür hinblättern. „Welch wertvolles Buch hätten wir uns für dieses Geld kaufen können", jammert er mit einem Lächeln auf seinem Gesicht und nimmt mich dabei liebevoll in den Arm. Ich kann meinen Mann gut verstehen. Bücher sind seine Welt. Aber auch für Gemüse interessiert er sich. Bei meinem Mann zählen nur Bohnen, Gurken, Kartoffeln und Möhren im Garten. „Bei unserer großen Kinderschar sind Früchte, Obst und Gemüse wichtiger als Blumen." Das hat er schon öfter verlauten lassen, wenn ich heimlich Blumenbeete anlege und er mich dabei erwischt. Ich aber freue mich diebisch, wenn im Sommer die Rosen, Astern, Löwenmäulchen, Dahlien und Gladiolen ihre Pracht entfalten. Karl Heinz und ich sind in unserem Wesen sehr unterschiedlich und haben uns dennoch herzlich lieb. Wunderbar passen wir zusammen und ergänzen uns. Er liest viel und stellt die Zimmer mit hohen Bücherregalen voll, und ich ziehe mir auf der Blumenbank Kakteen, Alpenveilchen und Geranien. Für Blumen würde mein Mann nicht so gerne viel Geld ausgeben. Aber für die neuesten Erscheinungen auf dem Büchermarkt öffnet er immer sein Portemonnaie. Was hat sich wohl Gott dabei gedacht, als er uns zusammenführte, und wir nun schon 55 Jahre glücklich miteinander verbunden sind?

Adresse:

Lotte Bormuth
Sperberweg 8a
35043 Marburg
Telefon 06421/41347